DURMIENDO CON TU ENEMIGO | *Superando la traición, recibiendo perdón y encontrando la restauración bajo la gracia de Dios.*

Presentado a:

_____

Por:

_____

Fecha:

_____

Durmiendo con tu Enemigo

SUPERANDO LA TRAICIÓN, RECIBIENDO PERDÓN
Y ENCONTRANDO LA RESTAURACIÓN
BAJO LA GRACIA DE DIOS

ONEIDA ARNAU

Para otros materiales, visítanos en:
EditorialGuipil.com

© 2020 por Oneida Arnau
Durmiendo con el enemigo
Todos los derechos reservados

Publicado por **Editorial Güipil**
Miami, FL - Charlotte, NC. Estados Unidos de América

Reservados todos los derechos. Ninguna porción ni parte de esta obra se puede reproducir, ni guardar en un sistema de almacenamiento de información, ni transmitir en ninguna forma por ningún medio (electrónico, mecánico, de fotocopiado, grabación, etc.) sin el permiso previo de los editores, excepto para breves citas y reseñas.

Esta publicación contiene las opiniones e ideas de su autor. Su objetivo es proporcionar material informativo y útil sobre los temas tratados en la publicación. Se vende con el entendimiento de que el autor y el editor no están involucrados en la prestación de servicios financieros, de salud o cualquier otro tipo de servicios personales y profesionales en el libro. El lector debe consultar a su consejero personal u otro profesional competente antes de adoptar cualquiera de las sugerencias de este libro o extraer deducciones de ella. El autor y el editor expresamente niegan toda responsabilidad por cualquier efecto, pérdida o riesgo, personal o de otro tipo, que se incurre como consecuencia, directa o indirectamente, del uso y aplicación de cualquiera de los contenidos de este libro.

Versículos bíblicos indicados con NVI han sido tomados de la Santa Biblia, Nueva Versión Internacional, NVI. ©1999 por Bíblica, Inc. Usado con permiso de Zondervan. Todos los derechos reservados mundialmente. www.zonderban.com.
Versículos bíblicos indicados con RV60 han sido tomados de la Santa Biblia, versión Reina Valera 1960. ©1960 Sociedades Bíblicas en América Latina; ©renovado 1988 Sociedades Bíblicas Unidas. Utilizado con permiso. Reina Valera 1960© es una marca registrada de la American Bible Society.
Versículos bíblicos indicados con NTV han sido tomado de la Santa Biblia, Nueva Traducción Viviente, © Tyndale House Foundation 2008, 2009, 2010. Usado con permiso de Tyndale House Publishers, Inc., 351 Executive Dr., Carol Stream, IL 60188, Estados Unidos de América. Todos los derechos reservados.

Editorial *Güipil*

Editorial Güipil. 2020
www.EditorialGuipil.com

ISBN-13: 978-1-7332447-6-3

Categoría: Relaciones / Amor y matrimonio / Vida cristiana / Inspiración

Dedicatoria

Este libro va dedicado a ti, lector. Tú que has decidido buscar respuestas ante la situación difícil que enfrenta tu relación de pareja. Tú que has decidido darte una segunda oportunidad y reconoces que debes accionar en favor de tu matrimonio. Tú que necesitas la instrucción que te ayudará a entender cuál es la fuente que quiere separar tu matrimonio. A ti, que necesitas identificar aque-llas áreas que afectaron tus relaciones pasadas y que entiendes que necesitas reconstruir tu vida bajo el fundamento correcto. ¡Te felicito por haber dado este paso de fe!

Elogios

Felicito a Oneida Fernandez-Arnau por tener la valentía de hablar sobre un tema muy poco hablado en nuestra comunidad, especialmente la comunidad de fe. Sus palabras plasmadas en esta obra literaria son más que frases teóricas, son experiencias vividas, y junto con ellas, el dolor que causa una infidelidad conyugal. Sin lugar a dudas, este valioso recurso será útil para ministros y consejeros cristianos, pero sobre todo para aquellas personas que han tenido que lidiar con los estragos de este mal de nuestra sociedad actual. Una vez más, felicitaciones a la autora. Gracias por permitirme ser parte de su jornada.

Rev. Dr. Peter Ramos
Presidente. La Universidad Cristiana, Inc.

Al leer el Capítulo 9 de este libro pude comprender la importancia de sanar las heridas del pasado para poder tener un presente y futuro saludable, reconociendo el poder de Dios en todo este proceso. Pienso que este libro será de mucha bendición para las parejas y aun para todas las personas que lo lean, ya que es un instrumento poderoso, bíblico y útil para matrimonios heridos. Enfatiza los problemas puntuales que enfrentan los matrimonios en la realidad y nos da una guía mediante la Palabra de Dios.

Es un libro que recomiendo aun a esas parejas que quieren tener un matrimonio saludable. No me cabe duda que serán bendecidos y serán edificados en su vida matrimonial. Además te ayuda a entender la importancia de identificar aquellas heridas del pasado que pueden estar lastimando y afectando nuestra relación de pareja en el presente.

Catherine Arnau Colón

Le doy gracias a Dios por mi hermana y amiga Oneida. Ella es una mujer que admiro por su vida espiritual muy dedicada, además por sus roles como madre, esposa, hija, hermana y amiga. Ella es sincera, una persona en quien puedes confiar; no es que sea infalible, pero sí una mujer íntegra. Ha sido mi inspiración desde el primer momento que la conocí.

Admiro su valentía al escribir el Capítulo 2, que lleva por título *El poder del perdón*. Para escribir un capítulo como ese hace falta experimentar el dolor de ser traicionado de alguien en quien hemos confiado o amado. Pero Oneida nos enseña que una de las habilidades más bonita que Dios nos ha dado es la habilidad de perdonar. Perdonar nos hace sentir libres; cuando elegimos perdonar experimentamos verdadera libertad.

Creo que este libro se debe leer en pareja porque sé que será de mucha bendición. Si están pasando por un episodio como este podrán entender que no todo está perdido y se puede volver a empezar. Como dice la autora: «La vida continúa, tú decides cómo quieres vivirla: en victoria o en condenación».

Lilliam Ramos

Lider de mujeres en la iglesia discípulos de Jesús
Pensilvania. USA

Agradecimientos

Quiero agradecer a mi Padre y Dios eterno por darme la oportunidad de escribir este libro que sé que será el recurso para muchas parejas que necesitan una palabra de esperanza para su matrimonio. Sin Su guía y sabiduría hubiera sido imposible lograrlo.

También quiero agradecer a mi esposo por su apoyo incondicional, por siempre confiar en el depósito que Dios ha puesto en mí para ayudar a otros. Gracias por ser mi fan número uno, por permitirme compartir nuestra historia con el mundo entero con el fin de poder ayudar a otros. Gracias por tener un corazón susceptible a la voz de Dios y al peso del llamado que ha puesto so-bre nuestros hombros. Te amo.

Prólogo

Es de suma importancia ser personas que nunca olvidan que Dios es amor, restaurador y transformador. Esta es una de esas historias donde vemos que la gracia de Dios es mucho más poderosa que cualquier falta humana. Cualquier persona es capaz de fallar y cometer errores graves. Cada capítulo de este libro es una enseñanza y un testimonio real. La autora escribe directamente del corazón y, Dios usará lo que el enemigo trató de destruir para bendecir a muchos, es una voz de esperanza en medio de la tempestad.

Conozco a Oneida por diez años; es una mujer apasionada por la enseñanza, la educación y el desarrollo de Cristo en los santos. Ella y su familia han sido de bendición para muchos en el campo de la educación y también en las misiones. Ellos fueron tocados por un mal que ha afectado a miles y que muchas veces no se habla o se trae a la luz para ser corregido. Ella se ha dado a la tarea de usar su experiencia para demostrar lo que es el amor de Dios manifestado en el matrimonio.

En este su primer libro, la autora cuenta una experiencia vivida, nos presenta unas realidades muy importantes que serán de ayuda para quienes en un momento dado pasaron por algo similar y aquellos que lo están pasando en este instante, y será una herramienta útil para los líderes que tratan casos similares en el cuerpo de Cristo.

Este ejemplar nos presenta la traición, el perdón, la restauración y cómo la gracia de Dios se manifiesta cuando nos dejamos moldear por ella. Felicito a Héctor y Oneida por su transparencia y valentía al abrir sus corazones y escribir su experiencia para que muchos sean bendecidos. ¡Gracias!

Rev. Jorge Lugo, Jr.

Contenido

Introducción 15

CAPÍTULO 1
Un matrimonio puede sobrevivir a una infidelidad 19

CAPÍTULO 2
El poder del perdón 25

CAPÍTULO 3
Cómo enfrentamos los temores ante una infidelidad. 33

CAPÍTULO 4
Restaurando la confianza 39

CAPÍTULO 5
Peligros que existen cuando pasamos por la crisis de la infidelidad . . 45

CAPÍTULO 6
El peligro de la tentación 55

CAPÍTULO 7
Un principio llamado amor 71

CAPÍTULO 8
Tu identidad en Cristo 77

CAPÍTULO 9
La importancia de sanar las heridas del pasado 85

CAPÍTULO 10
Un matrimonio sobre la roca 91

PLAN DE ACCIÓN
Ejercicios y reflexiones transformadoras 97

Acerca de la autora 155

PRÓXIMOS PASOS 165

Introducción

El matrimonio fue creado por Dios para vivirlo a plenitud, para disfrutar de las cosas maravillosas que trae su unión, donde el amor no está basado en sentimientos, sino en ese amor que viene de Dios. El amor ágape nos guía para tener una vida llena de bendiciones en nuestro matrimonio y en nuestra propia vida como hijos de Dios.

El plan de Dios siempre ha sido que esa unión sea desarrollada en el vínculo del amor. Su deseo es que las familias sean prosperadas y bendecidas, puesto que un matrimonio saludable crea hijos y familias saludables, y al ser familias saludables tendrán la habilidad de crear comunidades, pueblos y naciones de igual manera saludables. Sin embargo, este diseño original vino a ser distorsionado por el padre de toda mentira: satanás. Su plan ha sido destruir las familias por generaciones. Ha desarrollado planes estratégicos para infiltrarse en nuestros hogares y traer desunión y destrucción. La infidelidad es una de las armas más poderosas que ha utilizado para destruir los matrimonios, y por ello es importante reconocer aquellas fuentes que él ha utilizado por décadas para infiltrarse en nuestros hogares.

Hoy día, miles y miles de personas enfrentan el dolor de una traición producido por una persona cercana a ellos; y van por el mundo cargando ese dolor por la falta de perdón que poco a poco va creando mayores repercusiones. Quiero mostrarte a través de las páginas de este libro que se puede superar el dolor de una traición, y sí se puede vivir una vida plena en el matrimonio, aun después de la infidelidad. Como cualquier desafío, será un proceso lento y muchas veces doloroso, pero al final valdrá la pena.

Durmiendo con tu enemigo es el recurso que necesitas para poder identificar aquellas áreas que pueden estar alimentando tu vida de la forma equivocada, las cuales pueden venir para destruirte no solo a ti, sino a todo tu hogar. En las páginas de este libro te llevo a conocer mi propia historia donde la traición, el dolor y la falta de perdón trataron de destruir mi vida y mi matrimonio. Te comparto nuestro proceso y cómo llegamos a superarlo juntos. El primer paso fue reconocer que mi enemigo no era mi pareja, sino aquellas cosas a las que les di autoridad sobre mi vida, como lo son la falta de perdón, la desconfianza, la traición, la tentación y las heridas del pasado.

Con este libro quiero ayudarte a reconocer tu identidad en Dios por medio de Cristo. Quiero llevarte a retomar tu lugar como hijo y a luchar para que puedas tener una vida integral saludable y, por ende, un matrimonio victorioso.

Capítulo 1
Un matrimonio puede sobrevivir a una infidelidad

*Quien encubre su pecado jamás prospera;
quien lo confiesa y lo deja halla perdón.*
Proverbios 28:13

El 2013 fue un tiempo duro para mi matrimonio. Fue un año donde nuestra fe, amor y carácter fueron probados de una forma impresionante. Yo me encontraba más activa que nunca en el ministerio, trabajaba como directora de educación en la iglesia y ayudaba en varias áreas del departamento de misiones. En la casa todo parecía estar bien, aunque mi esposo llevaba un tiempo actuando un poco extraño; no quería ir a la iglesia, le gustaba quedarse en la casa solo y siempre estaba muy pendiente de su celular.

Como era mi costumbre, siempre sacaba un tiempo de oración y clamor en las mañanas después de que mis hijos salían a la escuela y mi esposo se marchaba al trabajo. En varias ocasiones, el Espíritu me había dado visiones y había puesto en mi espíritu que iba a sacar a la luz lo que estaba oculto; así que, como deben imaginarse, yo estaba un poco inquieta de saber qué era lo que realmente estaba pasando en la vida de mi esposo.

Una mañana, estaba tomando un café en el sillón de mi sala y sentí el deseo de enviarle un mensaje de texto a mi esposo y hacerle una pregunta:

Si estuvieras hablando con alguien, ¿me lo dirías?
Y continúe diciéndole:
Yo, en esta etapa de mi vida, pienso que si mis sentimientos por ti hubieran cambiado, tú serías la primera persona en saberlo.
El celular se quedó en silencio por varios minutos, y de momento ¡*ting!*, sonó la alerta de un mensaje de texto en el que decía:
Sí, he estado hablando con alguien...
En ese momento, mi mundo se vino abajo.

Mi esposo había estado hablando con mi amiga y hermana en Cristo por un periodo de dos años. Conocer esta verdad fue algo desgarrador para mi vida... ¡Dos traiciones al mismo tiempo!, mi esposo y mi amiga, no lo podía creer. Ese instante fue como si se hubiera detenido todo y lo único que quedó en mi mente fue ese sentimiento amargo producido por la traición.

Ciertamente, esta es una experiencia que nadie quiere enfrentar. El dolor de saber que alguien quebrantó ese voto de confianza que se le había otorgado y que tomó en poco la vida, los sentimientos, la familia y el hogar, es algo desgarrador. No sé qué era más fuerte: el saber de la traición de mi esposo o que me había traicionado con mi amiga.

CONFESIÓN SINCERA

Para mi matrimonio, el proceso de restauración comenzó con aquella confesión sincera que me hizo mi esposo. Reconocer el error o la falta es ciertamente el primer paso a la restauración. Mi esposo nunca justificó lo que había hecho, y su primer paso de arrepentimiento fue revelarme lo que estaba haciendo y con quién. Fuimos a varias reuniones pastorales y comenzamos un tiempo de terapia matrimonial. Hicimos todo lo posible y necesario para poder restaurar y fortalecer nuestro matrimonio, aunque confieso que llegué a pensar en el divorcio. Tenía miedo de volver a experimentar dolor. Me sentía emocionalmente tan afectada, que no podía pensar con cordura.

Un día estaba en la oficina de mi pastor y le expresé mi sentir: prefería divorciarme antes que dejar que todo ese proceso me apartara de Dios. Pero le doy gracias a Dios por las palabras de sabiduría que el pastor me dio en aquel momento. Recuerdo que me dijo:

—No, hija, ese no es el plan de Dios. El plan de Dios es restaurarlos. Él [refiriéndose a mi esposo] será santificado por medio de ti. La Palabra declara que si él quiere seguir a tu lado, no lo abandones, para que por medio de ti, él sea santificado. Estoy tan agradecida con Dios y con el consejo de mi pastor que en aquel momento me ayudaron a no tomar ninguna decisión apresurada en aquel tiempo de aflicción. Todo el proceso fue duro, pero valió la pena superarlo juntos. Nuestra relación se fortalece cada día más. Hemos ido cerrando toda puerta de maldición que ha querido dañar nuestro matrimonio. Hemos creado un plan estratégico para guardarnos el uno al otro. Todas las noches leemos juntos libros que nos ayudan a fortalecer nuestra relación y nos educan en diferentes temas relacionados con la relación de pareja. Uno de los libros que más nos gustó utilizar en nuestro proceso de restauración fue *El desafío del amor* de Stephen y Alex Kendrick con Lawrence Kimbrough; te recomiendo que lo leas.

LA INFIDELIDAD NO ES LA FUENTE DEL PROBLEMA

La infidelidad no es la fuente del problema, es el resultado final. Tras haber enfrentado a mi amiga y haber pasado el proceso de confrontación, comenzamos a trabajar para ver qué había pasado. ¿Por qué sucedieron los hechos? ¿Cómo comenzó todo? ¿Cuáles habían sido las circunstancias que habían llevado a mi esposo y mi amiga a la infidelidad?. Muchas veces, las parejas consumidas por el dolor de la traición no se permiten buscar a profundidad hasta encontrar la raíz del problema.

IDENTIFICA EL DETONANTE

Cuando mi esposo abrió su corazón para revelar todas sus flaquezas pudimos identificar cuál había sido el problema. Mi esposo se estaba alimentando de la fuente incorrecta al punto de llevarlo a buscar saciar sus más íntimos deseos en una aventura. Su error fue comenzar a ver pornografía en su celular. Quizá cuando comenzó no pensó que sería un problema.

Muchas veces pensamos que ese tipo de costumbres no afectarán nuestra vida ni nuestras acciones. La realidad es que toda adicción trae efectos secundarios y dañinos a nuestras vidas si no los enfrentamos a tiempo. La pornografía no es la única causante de una infidelidad, pero ciertamente es una de ellas y se encuentra accesible hoy día, no solo a adultos, sino a jóvenes, niños e incluso mujeres. Educarnos en relación a este tipo de temas es de vital importancia, aun más si tenemos hijos que podrían estar siendo expuestos a este tipo de fuentes. Más adelante, en el capítulo seis del libro, comparto información sobre este y otros tópicos relacionados a las tentaciones. Para la restauración del matrimonio es importante identificar el detonante. ¿Que causó la infidelidad?, ¿qué puertas se abrieron?, ¿qué señales se ignoraron?, etc., y comenzar un plan estratégico para ayudar a superar el problema.

Cuando se tiene este tipo de costumbre, será necesario trabajarlo con un grupo de apoyo, como su pastor, un mentor o un amigo de confianza que pueda monitorear el progreso y hacer vallado por esta persona. También está la consejería de un sexólogo. No hay por qué sentir vergüenza en buscar ayuda profesional... No eres el único que enfrenta este tipo de situaciones en su vida. Lo primordial de este proceso es entender que necesitas ayuda.

NADA JUSTIFICA UNA MALA ACCIÓN

Ciertamente la pareja del infiel no es culpable del engaño. Nada justifica este acto. El problema está más allá de culpar a su pareja por las malas decisiones. Será necesario quebrantar el orgullo, dejar a un lado las justificaciones, enfrentar las faltas, corregir las fallas y permitir que Dios sane el dolor de los corazones, entendiendo que este proceso será lento, pero progresivo. Habrán altas y bajas, requerirá de mucho esfuerzo; pero con la ayuda de Dios y de personas capacitadas se podrá restaurar el matrimonio. Creo que un matrimonio después de una infidelidad puede volver a superarse y estar más fuerte que nunca. Yo creo en el poder de la restauración. Creo fielmente que Dios puede restaurar una relación, solo si le permitimos tomar el control de nuestros sentimientos y trabajar en nuestras flaquezas.

La restauración no llega de la noche a la mañana, se tienen que reconstruir los muros caídos, reforzar las vigas de la relación y cerrar todas las grietas que estuvieron abiertas. Te exhorto a que quites de tu vocabulario la palabra divorcio o separación. Dale la oportunidad a tu matrimonio de intentarlo de nuevo, pero esta vez con los recursos y la ayuda necesaria para lograr el éxito.

Debes activar tu fe, promover la esperanza en tu relación y aferrarte a las promesas que Dios ha entregado para tu casa. El deseo de Dios es que el matrimonio permanezca unido para siempre, y en Su plan nunca estuvo el divorcio. En Eclesiastés 4:12 habla del poder de la unidad. Dice que uno solo puede ser vencido, pero dos pueden resistir… Creo fielmente que la clave está en ayudarse el uno al otro a sobrellevar los momentos difíciles, poniendo como centro y fundamento de sus vidas a Cristo.

Ese nudo de tres hilos no podrá romperse fácilmente. El matrimonio que tiene a Cristo como el centro de su vida, aunque tambalee, no se cae. La Biblia dice en Eclesiastés 4:9-11 (NTV): *Es mejor ser dos que uno, porque ambos pueden ayudarse mutuamente. […] Si uno cae, el otro puede darle la mano y ayudarle; pero el que cae y esta solo, ese sí que está en problemas. Del mismo modo, si dos personas se recuestan juntas, pueden brindarse calor mutuamente; pero ¿cómo hace uno solo para entrar en calor?*

Me encanta esta porción Bíblica porque nos muestra que es imposible levantarnos solos. La pareja se necesita para poder superar este proceso. La Biblia habla de calentarse mutuamente; y eso me hace pensar en el calor del Espíritu. Si uno se enfría en el área espiritual, el otro lo vuelve a calentar. ¡Sé tú esa mecha encendida que trae vida a la relación!

DOS SON MEJOR QUE UNO

Lo fundamental es entender que para que la relación funcione, ambos deben estar dispuestos a estar juntos en el proceso de restauración. Cada relación es diferente y a veces uno de los dos decide irse y abandonar su pareja; pero inclusive en esas circunstancias, no podemos decir que todo está perdido. Conozco el testimonio de una hermana en la fe que su esposo la abandonó y se fue con su amante, y aunque todos le decían que se olvidara de él, ella permaneció creyéndole a Dios, y ciertamente Él recompensó su fe con el regreso de su pareja. No siempre habrá este tipo de testimonios, pero de que los hay, los hay, y no podemos subestimar los planes de Dios. Yo siempre les digo a las personas: «Tú haz tu parte y deja que Dios haga la de Él».

PARA QUE UN MATRIMONIO PUEDA SOBREVIVIR UNA INFIDELIDAD SE REQUIERE LO SIGUIENTE:

- Perdón.
- Enfrentar los temores.
- Restaurar la confianza.
- Ver los peligros que existen después de una infidelidad.
- Reconocer el peligro de la tentación.
- Conocer la importancia del amor.
- Entender su identidad en Cristo.
- Sanar las heridas del pasado.
- Construir su relación sobre la roca.

Capítulo 2
El poder del perdón

Mas bien, sean bondadosos y compasivos unos con otros,
y perdónense mutuamente,
así como Dios los perdonó a ustedes en Cristo.
Efesios 4:32

Muchas veces, en medio de nuestro dolor, pensamos que traer juicio o vengarnos de aquellas personas que nos han herido traerá paz y alegría a nuestras vidas. La realidad es que nada de eso traerá tranquilidad. La falta de perdón y el deseo de venganza solo te destruirá a ti mismo. Mas si decides perdonar, Dios abrirá un mundo de bendiciones para ti y los tuyos. Para mí, perdonar a mi amiga y a mi esposo fue la mejor decisión que pude tomar. Perdonarlos no fue abrir una puerta para que la gente me siguiera lastimando o humillando. Perdonarlos fue darme a mí misma la oportunidad de vivir una vida libre de esos sentimientos destructivos, fue libertarme del rencor, del coraje que me causaba recordar, fue soltar la rabia que me causó la herida, fue darme la oportunidad de ver el problema desde una perspectiva de conciencia clara, de tal manera que las emociones no tomaran parte en mis decisiones nunca más.

RETOMA EL CONTROL DE TU VIDA

Cuando perdonas, retomas el control de tu vida. La falta de perdón puede convertirse en uno de tus más grandes enemigos. No perdonar a alguien o a ti mismo puede estar retrasando todo en tu vida. La falta de perdón enferma tu alma hasta consumirla en amargura. Este sentimiento solo le hace daño a una persona: a ti mismo. Científicamente está comprobado que la falta de perdón afecta no solo tus emociones, sino que también tu salud.

Cuando perdonas, liberas a esa persona de su culpa y te abres un camino de nuevas oportunidades. Al perdonar se van los pensamientos de venganza y llega la paz a tu vida, libertándote de aquellos recuerdos que te lastimaban y que ya no tendrán un efecto negativo en ti.

Recuerdo lo difícil que fue para mí perdonar a esa mujer que siendo mi *amiga*, me había traicionado. Recordaba constantemente cómo se burló de mis buenos sentimientos hacia ella. Pensaba en todo el tiempo que habíamos compartido juntas en la iglesia. ¡Pensar que se sentaba en la misma mesa con mis hijos! Que me veía la cara de tonta cuando me hablaba. Todos esos pensamientos inundaban mi mente y alimentaban las razones para no perdonarla. Me dolía pensar que no había escuchado las advertencias en donde me alertaban de sus debilidades. Mas siempre he creído fielmente que Dios es un Dios de oportunidades y que restaura, así que seguí ayudándola, al punto de olvidar las maquinaciones del enemigo.

Me tomó cuatro largos años entender que mi falta de perdón solo me estaba haciendo daño a mí misma. Y aunque decía haberla perdonado, el simple hecho de escuchar su nombre me revolcaba el estómago. Esto era una clara señal de que mi herida no había sanado. Poco a poco comencé a notar los efectos de la falta de perdón. Mi vida emocional se fue deteriorando impresionantemente. Mi espíritu estaba agobiado, tanto así que entregué los cargos que tenía en la iglesia porque entendía que un líder herido emocionalmente puede dañar a otros; por tal razón es importante sanar nuestras heridas para no contaminar a otros en medio de nuestro dolor.

El enemigo se había aprovechado de mi dolor y la falta de perdón para culparme y hacerme sentir desmerecedora de la gracia. Me hacía sentirme indigna de trabajar para el Señor. Me consumía la culpa de no poder vencer ese sentimiento que sigilosamente me dañaba. Satanás utilizaba mi debilidad para pisotearme, culparme y arruinar mi paz. Mas aun así yo clamaba a Dios por misericordia. Le pedía constantemente por mi amiga, para que Él la protegiera y la ayudara a encaminarse. Sabía que al orar por ella constantemente, mi corazón sería libertado de la falta de perdón y el dolor que me consumía.

ORA POR LAS PERSONAS QUE TE HIEREN

Mientras más oramos por las personas que nos hacen daño, más fácil se le hace al Espíritu Santo libertarnos de nuestro dolor. Puede que al principio ores y en tu dolor salga una oración fingida, pero créeme que al cabo del tiempo, tu oración se hará genuina.

Un día me llamaron de la iglesia y me dijeron que me tocaba predicar en una vigilia. Eso para mí fue horrible porque el enemigo me había puesto en la cabeza que el Señor me había desechado como al rey Saúl. Él sabía cuán importante era para mí agradarle a Dios en todo lo que hacía. Mas Dios, en Su misericordia, tenía un plan preparado para libertarme de aquella falta de perdón. Mientras me preparaba para la vigilia, oraba a Dios por el mensaje y nada venía a mi mente, apenas podía leer la Biblia y concentrarme; cuando de repente como a eso de las tres de la tarde, me tiré de rodillas otra vez, pero esta vez clamé a gran voz y con gemidos:

CLAMA POR TU SANIDAD INTERIOR

—Señor, ¡ayúdame a perdonarla!

Le supliqué que sanara mi corazón porque no quería que nada estorbara mi relación con Él; y en ese gemir del espíritu, le dije:

—La perdono, Señor, la perdono. Me declaro libre de toda falta de perdón.

En ese momento, sentí el impacto del Espíritu que me decía «llámala». Enseguida busqué su número en mi celular, pero no estaba allí porque lo había borrado. Cuando escribí su nombre en el buscador de contactos encontré su correo electrónico y así pude escribirle. Le dije que la perdonaba y que me perdonara por no ver que todo había sido una misma maquinación del infierno. Lo bello de servirle a Dios es que Él prueba nuestros corazones y aprovecha cada situación para restaurarnos y enseñarnos grandes lecciones. La Biblia dice que TODO obra para bien a aquellos que conforme a su propósito son llamados (Romanos 8:28).

No recibí una respuesta al correo electrónico; pero sí el Señor me dio el mensaje de aquella vigilia y selló ese perdón con una restauración completa. Al salir de camino a la iglesia aquella noche a predicar, nos detuvimos en un puesto de gasolina donde Dios me permitió encontrarme con ella y correr a abrazarla y decirle que mi perdón era genuino. Satanás no pierde tiempo para traer una destrucción detrás de otra; pero Dios, que es todopoderoso, jamás nos dejará en el suelo, tan solo tenemos que tener la disposición en nuestro corazón de ser restaurados.

EL PELIGRO DE LA FALTA DE PERDÓN

Muchas personas piensan que al no perdonar evitarán que los vuelvan a lastimar. Yo sé de personas que llevan toda una vida odiando a alguien por el mal que les hicieron. He escuchado frases como: «Jamás le daré mi perdón» y «Que se pudran». Incluso he escuchado historias de personas que se van a la tumba sin perdonar a aquel que los ofendió.

La falta de perdón no tiene raza ni color, puede atacar a cualquiera, grandes y pequeños. Yo veo la falta de perdón como una semilla plantada en nuestros corazones que va echando raíces tan peligrosas que pueden apretar tu corazón hasta detenerlo. Este gran mal te limita de vivir una vida espiritualmente saludable. La Biblia nos advierte de sus consecuencias y nos habla de la importancia de perdonar a otros. Por ejemplo, vemos a Jesús en la parábola de Mateo 18:21-31. En esa historia nos muestra a un rey que perdona a su siervo una deuda sumamente grande; mas aquel que había sido liberado de esa obligación no pudo perdonar una simple deuda a otro hombre. En esta enseñanza Jesús quería confrontar nuestra conciencia y hacer que nos preguntemos: ¿cómo podemos no perdonar a otros sus ofensas, cuando hemos recibido de Él un perdón tan grande por nuestras propias faltas?

Al escribir esto recuerdo una pregunta que me hizo uno de mis pastores al yo comentarle que no me merecía lo que me habían hecho. Él me contestó con una pregunta:

—¿Y Cristo, merecía ir a la cruz?

NO TE VICTIMICES

Muchas veces nos victimizamos tanto que nos olvidamos de lo que Cristo hizo por nosotros aun sin que lo merezcamos. Para poder perdonar debemos dejar de vernos como víctimas. Debemos entender que también fuimos perdonados por gracia. Que Cristo nos perdonó y dio su vida por nosotros.

¡Es tiempo que dejemos de martirizarnos! Lo que pasó, pasó. Ya no se puede evitar, mas sí puedes tomar tu posición y decir:

—¿Sabes qué?, perdono a todos aquellos que me han ofendido. Perdono a mi pareja por haberme traicionado, a aquel que me violó, aquel que me injurió, aquel que no estuvo ahí para mí, a aquel que me engañó... ¡Los perdono! Decido perdonar porque Cristo me perdonó a mí primero. Porque entiendo que si no perdono a aquellos que me han herido, tampoco recibiré yo perdón de mi Padre Celestial (Mateo 18:35).

¿Cuáles son los peligros de la falta de perdón?

- Esclaviza tus sentimientos.
- Te roba la paz.
- Pierdes el enfoque de lo que realmente tiene importancia.
- Te enferma física y emocionalmente.
- No te permite gozar de una vida plena.
- Daña tus relaciones.
- Trae muerte espiritual.
- Genera amargura.

¿Que dice la Biblia de la falta de perdón?

a. Es desobediencia a Dios.
   (Marcos 11:25-26; Hebreos 12:14-15)

b. Tus oraciones no son escuchadas.
   (Marcos 11:25; 1 Pedro 3:7)

c. Le das oportunidad al enemigo para destruirte.
   (2 Corintios 2:5-11)

d. Bloqueas el propósito de Dios en tu vida.
   (Mateo 18:22; Lucas 17:3-4; Mateo 5:38-48)

e. No recibirás perdón.
   (Mateo 6:12-14)

NO TODO ESTÁ PERDIDO DESPUÉS DE LA TRAICIÓN

Lo primero que pensamos al descubrir la traición es que todo está perdido, que ya no hay solución al problema; y por eso perdemos la fe en nosotros mismos, en las habilidades que Dios nos ha dado de poder razonar correctamente en medio de los procesos difíciles. Al enfrentar un problema de esta magnitud cerramos nuestra parte del cerebro que nos ayuda a razonar y tomar decisiones acertadas y le damos libertad al otro lado del cerebro, el que mueve nuestras emociones y sentimientos; esta región no tiene la habilidad de analizar correctamente. Por eso es que la mayoría de las personas que se dejan llevar por sus emociones al final se arrepienten de sus decisiones. Efesios 4:26-27 (NTV) dice: *Además, «no pequen al dejar que el enojo los controle». No permitan que el sol se ponga mientras siguen enojados, porque el enojo da lugar al diablo.*

Cuando estamos heridos es una buena oportunidad para que el enemigo tome control de nuestras decisiones. Por esta razón muchas parejas cuando se enojan le dan rienda suelta a sus emociones y terminan creando un problema mayor del que realmente es.

PERDONADOS POR SU GRACIA

En la Biblia encontramos diferentes historias relacionadas a la traición y la infidelidad. El Antiguo Testamento nos revela a un pueblo infiel, y a un Padre amoroso dispuesto a restaurarlos. Desde el comienzo de la creación la deslealtad del ser humano ha sido mostrada; sin embargo, también el deseo de Dios de redimirnos de toda obra de la carne. Nosotros podemos sentirnos traicionados de muchas formas y por muchas razones, pero no podemos olvidar que somos imperfectos. Cuando se trata de perdonar a alguien que nos lastimó nos hacemos jueces y damos la sentencia mayor. Pero cuando somos nosotros los que fallamos, pedimos clemencia y misericordia. La Palabra habla de una mujer condenada a muerte por la ley por haber adulterado (Juan 8:1-11).

Los maestros de la ley y los fariseos se la llevaron a Jesús esperando que Él también la sentenciara. Para sorpresa de ellos, Jesús, el único con el poder para juzgarla, le dio la libertad: *Aquel de vosotros que esté libre de pecado, que tire la primera piedra.*

Cuando alguien nos hace daño o nos hiere los sentimientos es muy fácil actuar como aquellos hombres de la ley, declaramos: «¡Apedréenlos!», y se nos olvida que el daño puede ser para ambas partes.

Cada experiencia en la vida nos da una nueva oportunidad de crecer como hijos de Dios. Sea que nos traicionen o que nosotros traicionemos a alguien, la clave está en Hechos 3:16, que dice: *De modo que arrepiéntanse y den media vuelta para que sus pecados sean borrados, y así el propio Jehová haga venir tiempos de alivio.*

Jesús le preguntó a la mujer adúltera:

—¿Dónde están los que te acusaban? ¿Ni uno de ellos te condenó?

Jesús la perdonó y le dijo:

—Vete y no peques más.

En otras palabras: «Yo te perdono, está en ti qué vas a hacer con ese perdón».

Cuando una infidelidad llega no todo está perdido, eres tú quien decide qué decisión tomar. Si te han fallado, decide perdonar para que en el día de tu falta tú también seas perdonado (Marcos 11:26). Pero si has sido tú quien ha cometido la falta, recuerda que tu pecado ha sido revelado no para que te tiren piedras, sino para salvar tu alma, para que retomes tu posición de autoridad y no vuelvas a darle lugar al diablo. La vida continúa, tú decides cómo quieres vivirla: en victoria o en condenación.

COSAS IMPORTANTES QUE DEBES TENER PRESENTE:

- Atrévete a dar segundas oportunidades.
- No te guardes rencor, ni guardes rencor a otros.
- Perdónate a ti mismo y perdona a otros.
- Valora las oportunidades que la vida te da.
- Ámate tanto como para reconocer tu falta.
- Apodérate de la paz que trae el perdón.
- Nunca tomes decisiones a la ligera.

Capítulo 3
Cómo enfrentamos los temores ante una infidelidad

Miren, Dios ha venido a salvarme. Confiaré en él y no tendré temor. El Señor Dios es mi fuerza y mi canción; él me ha dado la victoria. Isaías 12:2

Uno de los procesos mas difíciles que tuve que enfrentar fueron los temores que surgieron al descubrir la infidelidad de mi esposo. Fue el terror de pensar que después de dieciséis años de luchar para crear un matrimonio sólido, en un segundo se vendría todo al piso. Me aterrorizaba anunciarles a mis hijos que mi esposo y yo nos separaríamos y de dañar la imagen que ellos tenían de su padre. Fue un proceso muy difícil. No quería exponer a mis hijos a ese dolor.

NO TOMES DECISIONES APRESURADAS

A través de los años he podido ver que muchas parejas toman la decisión apresurada de divorciarse sin pensar en los daños que eso traerá a sus hijos. Entendemos que hay casos extremos donde la relación se ha vuelto tan tóxica que lo mejor es la separación por el bien de los hijos o de la persona como tal; pero en la gran mayoría de las separaciones que vemos hoy día, al analizar el porqué de su ruptura, nos damos cuenta de que ha sido todo producto de un acto egoísta.

La disolución de un matrimonio donde se han procreado hijos se puede convertir en una fuente de maldición generacional. Muchas personas pueden decir que una separación no afecta a los hijos cuando son pequeños; ¡pero eso es una mentira del mismo infierno! ¡Claro que les afecta! Daña sus emociones, su desarrollo, su carácter, sus decisiones futuras, etc. Estudios realizados por expertos nos muestran que la ruptura trae grandes repercusiones. Es una experiencia amarga y dolorosa para los hijos, especialmente cuando el proceso está lleno de hostilidad. La pérdida del sentido familiar genera una tremenda inseguridad en los hijos. Los daños producidos por un divorcio pueden variar dependiendo de la edad y de los factores.

Cuando mis padres se separaron, yo tan solo tenía un año y medio de edad. Muchos podrían decir que no me afectó, pero hizo un daño tremendo en mi vida, tanto emocional como en mi desarrollo. Crecí con un sentimiento de orfandad horrible. Mi padre no estuvo ahí para protegerme, guiarme, aconsejarme, enseñarme, corregirme con amor, ni para celebrar mis logros cuando era niña. Hay mil y una razones por las cuales un padre o madre se distancian de los hijos al divorciarse de su pareja, y no piensan el inmenso daño que este abandono les causa a sus hijos.

TOMA EN CUENTA TUS HIJOS

Muchas parejas divorciadas se olvidan por completo de sus hijos, por lo general los varones. Algunos hombres tienden a dejar que su ruptura matrimonial los aleje de sus responsabilidades como padres. Establecen una nueva relación y se olvidan de mantener ese contacto con sus hijos. A veces, porque la pareja actual tiene celos de la esposa anterior o viceversa, la pareja de la madre de los niños no le permite continuar la relación de paternidad. Otras veces, la mujer abandona a su esposo y familia por irse detrás de una aventura o una mejor posición económica. Lo difícil de esto es que no se toma en cuenta la salud emocional de los hijos, y al paso de los años estos niños crecen con principios distorsionados de lo que es realmente un hogar. Comienzan a desarrollar conductas negativas producidas por su dolor y falta de ese sentido familiar sano.

Otro de los retos para los hijos es la unión de dos familias. La relación con la madrasta o el padrastro. El reto de acostumbrarse y de aceptarse de una manera saludable requerirá mucho esfuerzo de parte de los adultos y del terapista de familia o psicólogo. De lo contrario, los niños verán a estas nuevas personas que se acaban de incorporar en el núcleo familiar como unos impostores que vinieron a dividir su hogar. Para evitar esa situación se debe trabajar arduamente por el fortalecimiento y crecimiento saludable de los hijos. Evitar que ellos se sientan en competencia con los hermanastros o con la nueva pareja. Es importante crear normas para el hogar en donde los niños se sientan protegidos. Los padres no deben hablar mal de sus ex cónyuges frente a los hijos para no afectar su autoestima. En cambio, se debe crear una relación saludable con la ex pareja por el bienestar de los hijos que tienen en común.

Si tu relación de pareja no tiene solución y la única alternativa es la separación, no te olvides de tus hijos. Recuerda que la manutención es importante, pero el dinero ni lo material podrá llenar el vacío que causará tu ausencia. La madre no podrá llenar el espacio que deja su padre ni viceversa, ese lugar solo lo llenas tú.

Otros de los temores que se pueden enfrentar las personas después de una infidelidad son:

· La soledad, el sentimiento de abandono.
· La burla. ¿Qué dirá la gente cuando se enteren?
· Comenzar a construir de nuevo lo que pensabas ya estaba construido.
· La edad. Para un joven quizá no sea tan fuerte la infidelidad como para una persona de mediana edad.
· Seguridad financiera. ¿Cómo se verá afectado mi nivel de vida?
· Salud física. ¿Cómo influirá en mi salud (enfermedades venéreas y demás)?
· Salud emocional. ¿Podré volver a confiar en alguien?
· Divorcio. ¿Es la mejor decisión?
· ¿Qué dirá la familia?

Esto es solo una lista corta de los temores que pueden venir a la vida de una persona que ha pasado por la infidelidad. Lo importante es entender en todo momento que no estamos solos, y que Dios está con nosotros en cada paso. Isaías dijo: *He aquí, Dios es mi salvador, confiaré y no temeré; porque mi fortaleza y mi canción es el SEÑOR DIOS, Él ha sido mi salvación.* Cuando ponemos nuestra confianza plena en Dios, entendiendo que Él tendrá cuidado de nosotros, podremos decir como Isaías: *Dios es mi salvador*, Él es mi rescate, el que me libra de quedar en el suelo, el que me liberta. El profeta también hace una declaración poderosa: *confiaré y NO temeré*. Cuando ponemos nuestra confianza en Dios, estamos diciéndole:

—Sé que tú trabajarás a mi favor, y nada de lo que estoy pasando viene para destruirme, por tal razón, no tendré temor.

Isaías entendió que no podemos enfrentar muchas de las situaciones de la vida con nuestras propias fuerzas ni con sabiduría humana, sino con la que vienen del Todopoderoso. Quiero ser honesta contigo. Enfrentar los temores causados por la infidelidad es un proceso duro. Cada persona enfrenta sus propios temores, sus propias luchas mentales de cómo podrá superar aquel proceso tan difícil. La vida cambia en un segundo. No es algo fácil de procesar, pero tampoco es el final. No estás solo o sola en este proceso difícil. Estoy segura de que tienes a personas que te aman y que están dispuestos a ayudarte a superar esta etapa. Es importante que te relaciones con personas que te ayuden a moverte hacia adelante, evita aquellos que contaminan tu espíritu. También es necesario que entiendas que no todo está perdido, que sea cual sea la decisión que tomes, vas a estar bien. Permítete a ti mismo pensar con cordura y tomar decisiones basado en el bienestar tuyo y de quienes te rodean.

NO ESTAS SOLO EN ESTE PROCESO

En nuestra experiencia, la guía del Espíritu Santo y nuestra constante relación con Dios fueron las que nos ayudaron a superar los obstáculos. No digo que todo fue fácil, Mi esposo y yo pasamos una temporada de desierto, donde nos frustramos, tuvimos inseguridades, temores; pero pudimos superarlos aprendiendo a confiar plenamente en Dios. Entendimos que solo en Él íbamos a poder vencer todos nuestros temores y podríamos pasar más rápido el proceso de restauración.

El Señor te dice en Isaías 41:13 (NVI): *Porque yo soy el Señor, tu Dios, que sostiene tu mano derecha; yo soy quien te dice: "No temas, yo te ayudaré"*. Busca ayuda profesional para enfrentar todos esos daños emocionales y físicos que tendrás que superar, pero no olvides añadir a esa lista a tu Padre Celestial. Él es quien te corona de favores (Salmo 103) y está presto para sostenerte en tu proceso de restauración. Recuerda que el temor fue diseñado para limitarte, para mantenerte cabizbajo, para retrasar tu proceso de recuperación, para tratar de impedir que alcancen todo lo que Dios ha declarado sobre ti y tu casa.

Por esa razón debes entregar todos tus temores a Dios y aprender a confiar en sus planes para tu vida. Entrégale el control de tus decisiones y verás cómo tu vida cambiará drásticamente.

Él conoce lo que es mejor para nosotros y trabaja para darnos el bien que esperamos cuando le obedecemos y confiamos en Su Palabra. Lo que muchas personas hacen en medio de su desierto es alejarse de Dios y buscar solucionar sus problemas con sus propias fuerzas. Dejan que el dolor y los temores los dominen al punto de volverse miserables. Mas yo te garantizo que si le das la oportunidad a Dios de tomar el control de tus temores, todo cambiara drásticamente. Comienza a caminar confiado en Dios, en lo que Él ya ha establecido en Su Palabra, así es como verás los resultados que esperas; podrás pensar con cordura y caminarás en pos de una vida sana llena de bendiciones.

RECUERDA QUE:

- En este proceso es necesario permanecer en Dios.
- Confiar en Sus promesas.
- Pedirle Su guía y protección.
- No perder la fe.
- Amarte como nunca antes.
- Cuidar el corazón de tus hijos.
- Entender que aunque el matrimonio no se restaure, vas a estar bien.
- No todo está perdido (Filipenses 4:6-7).
- Podrás superar este proceso (1 Pedro 5:7).
- Dios es la fuente de tu protección (Salmo 118:6; Deuteronomio 31:8).
- No estás solo/a (Salmo 34:4).
- Debes mantener una actitud positiva (Proverbios 16:3).
- Es necesario enfrentar tus miedos (2 Timoteo 1:7-9).

Capítulo 4
Restaurando la confianza

Una respuesta sincera es como un beso en los labios.
Proverbios 24:26

Volver a restaurar la confianza será un proceso lento e incómodo para ambos, pero sí están dispuestos a hacer lo necesario para reconstruir su relación, será cuestión de trabajar en equipo. Cuando mi esposo y yo comenzamos a trabajar en reconstruir la confianza, fue muy difícil para ambos. Yo no le creía ni una sola palabra y él estaba cansado de mi incredulidad. Recuerdo que me decía:

—Mi amor, tienes que confiar en mí.

¡Pero qué fácil decirlo! La restauración de la confianza conlleva mucho trabajo en equipo. Ambos deben estar dispuestos a hacer su parte correspondiente.

RECONOCE TUS FALTAS CON UN CORAZÓN HUMILDE

Para comenzar esta etapa de restauración, la persona que falló debe aceptar su error y hacer una confesión sincera, declarando la verdad abiertamente y sin engaños, reconociendo la falta con un corazón humilde y dejando la arrogancia y la justificación a un lado. No importa cuán difícil y dolorosa sea, debe tener la valentía de decir la verdad, sin editar ningún punto. Muchas veces vemos relaciones fracasar en este proceso porque la pareja no fue lo suficientemente sincera en el momento de los detalles importantes.

No dejes nada oculto que pueda regresar luego a traer más dolor y desconfianza. Recuerda que satanás usará todo aquello que guardas en lo secreto para tratar de destruirte. En ocasiones, las personas prefieren emitir ciertas partes para no lastimar más a su pareja; sin embargo, cometen un gran error. Cuando mi esposo confesó sus faltas y abrió su corazón, me hizo reflexionar y recordar cuán vulnerables somos a fallar. Me acordé de lo imperfecta que yo era y cuánto Dios me había perdonado. En ese momento se me vino a la mente una porción bíblica que dice: *Una respuesta sincera es como un beso en los labios.*

Y fue como si me dijera después de darme un beso en los labios:

—Mi amor, perdóname, intentémoslo de nuevo.

En esta nueva etapa de reconstrucción, comienza por practicar la verdad en todo tiempo. La verdad nos hace libres. Libres de todo engaño, de dudas, de temores, de resentimientos, de la falta de perdón, y nos abre un mundo de oportunidades en nuestra relación. Decir la verdad comenzará a poner ese fundamento necesario hasta la restauración.

TEN PACIENCIA EN EL PROCESO

Recuerda que después de una traición no será fácil volver a bajar esa muralla de desconfianza que existe entre los dos. Se requiere mucha paciencia de ambas partes. Tú no confiarás en todo lo que tu pareja te dice, y a tu pareja se le hará difícil aceptar tu constante desconfianza.

Quiero compartir contigo algunos de los pasos que han sido parte de nuestra restauración.

Para ti, que fallaste:

- Admite el error, sé humilde, sincero.
- Haz cambios notables.
- No mientas.
- Acepta las enseñanzas del proceso.
- No minimices el problema.
- Evita estar a la ofensiva.
- Da acceso a tu pareja a toda tu vida (celular, correo electrónico, redes sociales, etc.).
- Sé consistente y fiable en tu comportamiento.
- Ten detalles con tu pareja.
- Sé paciente en el proceso de ganar la confianza nuevamente.
- Reconoce tus debilidades y permite que te ayuden.
- Reporta tus actividades diarias, por más simples que sean.
- Expresa tu amor constantemente.
- Valora a tu pareja.

Recuerda que esto no será mas fácil para ti de lo que es para tu pareja. Tu sinceridad, el no tener nada que ocultar será lo que ayudará a tu cónyuge a volver a restaurar su confianza en ti. Con el tiempo, cuando comiences a desarrollar la confianza de tu pareja, haz cambios notables. Llama y deja saber dónde estas, si ha habido un cambio de planes o tuviste que ir a otro lugar. Crea una comunicación constante. Sé que dar explicaciones puede resultar incómodo; pero si realmente quieres la restauración de tu matrimonio, este paso será inevitable. Recuerda, di la verdad en todo tiempo.

SE TRANSPARENTE

Muchas veces escucho a hombres decir: «Tuve que mentirle a mi esposa porque me encontré sin querer con mi amiga del pasado» o «fui con los amigos a pasar un rato agradable, pero tuve que decir que trabajé horas extras». Este tipo de acciones definitivamente no va a fortalecer tu relación ni la confianza de tu pareja. Tomará tiempo, pero debes aprender a ser transparente con tu pareja en todo momento, así evitaras malos entendidos. Sé intencional todo el tiempo para ganar su confianza. No esperes que te pregunte qué ha pasado en tu día. Aprende a tomar iniciativa y cuéntale cuándo algo ha pasado que él o ella necesite saber. Exprésale tu amor constantemente. Exterioriza tu amor con detalles y con hechos. Debes ser muy paciente en este proceso. No intentes minimizar el problema. Todo lo que ha sucedido no es para menos. Ten paciencia, así como tu pareja la ha tenido contigo.

Para ti, que necesitas volver a confiar

- Perdona la ofensa.
- Ten paciencia en este proceso difícil.
- Ayuda a tu pareja a cambiar. Creen un plan de acción, fijen limites y reglas básicas.
- Exprésale tus sentimientos.
- Evita traer el pasado a una conversación a menos que sea para trabajarlo.
- Apoya las buenas acciones de tu pareja.
- Evita frecuentar lugares que traigan malos recuerdos.
- Sigue amando a tu pareja.

Las heridas toman tiempo en sanar, se requiere persistencia y constancia de ambos. Pero para ti, que has sufrido este golpe de la traición, es necesario que perdones y te libres de esas emociones negativas que no te dejan accionar con cordura. Cuando decides librar a la persona de su falta, se te hará más fácil tener paciencia en el proceso de restaurar la confianza.

CELEBRA LAS BUENAS ACCIONES

Ayuda a tu pareja a sobrepasar esta etapa tan dolorosa junto contigo. Creen un plan estratégico en el que puedan apoyarse el uno al otro, como qué cosas podrán hacer y cuáles no. Por ejemplo, uno de los acuerdos entre mi esposo y yo fue no hablar con personas del mismo sexo a solas. Él no podía estar a solas en un lugar encerrado con su celular. Así estábamos protegiéndolo de volver a caer. Ustedes conocen que áreas son las que necesitan trabajar. Creen ese plan para ayudar a crear la confianza nuevamente. Cuando tu pareja hace alguna acción positiva, celébrenlo. Dile cuán alegre estás de sus buenas acciones. Muchas veces nos aferramos a recordar lo malo y olvidamos de los intentos por mejorar. Evita estar constantemente recordando el pasado. Si se han dado la oportunidad de luchar por su relación, dejen el pasado atrás. Si deben hablar del mismo que sea para mejorar, no para juzgar o causar daño.

¿QUÉ SUCEDE SI NO SE RESTAURA LA CONFIANZA?

Si la pareja trabaja en unidad por el bienestar de su relación para restaurar la confianza, de seguro lo lograrán con la ayuda de Dios. Pero a algunos les puede ser más difícil volver a confiar en esa persona que les falló. Lo mas favorable será que la persona busque la ayuda de un terapeuta, preferiblemente cristiano, para que así pueda trabajar una sanidad integral en la vida de esta persona. Algunas veces, el miedo a volver a ser traicionados puede crear una muralla bastante alta entre la persona lastimada y su pareja, al punto de preferir la separación. Lamentablemente, si no se trabaja la raíz del problema será imposible que esta persona vuelva a confiar en nadie. Si has pedido perdón por el error que cometiste y has buscado la forma de mejorar la relación, pero tu cónyuge se ha empeñado en seguir viviendo en un mundo de amargura y dolor, lamentablemente no hay mucho que puedas hacer. Solo demostrarle a esa persona cuán arrepentido estás y tu disposición para cambiar tu falta. Deja que Dios trabaje en el corazón de tu pareja y tú ocúpate de mejorar las áreas que has fallado. Recuerda lo importante que será para ti mantenerte alerta de las cosas que podrían llegar para destruirte.

EVITA LAS FUENTES DE AGUAS AMARGAS

Los expertos nos dan una lista larga de aquellas cosas que debemos evitar antes de cometer una infidelidad y aun después de la misma. Para poder tener una relación saludable donde la confianza será restaurada por completo, será necesario estar atentos y evitar aquellas fuentes amargas que podrían causar daño a nuestra relación. Es importante identificar las armas de doble filo que utiliza satanás para destruir los matrimonios. Una de las cosas que tentaron a mi esposo a la infidelidad fue conocer los problemas personales de mi amiga. En una relación de amistad tendemos a ser muy abiertos con nuestra vida personal y muchas veces dejamos ver los puntos más débiles, confiando en que el amigo estará allí para ayudar y no para traicionar. Quizá te sientas fuerte para trabajar con diferentes tipos de situaciones; pero hay personas que utilizan la situación como una puerta abierta para dar rienda suelta a sus más íntimos deseos.

CIERRA TODA GRIETA

Recordemos la historia del rey David. Al saber que Betsabé estaba sola y que su esposo no vendría pronto, fue su oportunidad para darle rienda suelta a sus deseos (2 Samuel 11:2).

Debemos cerrar toda pequeña grieta que puede abrir un agujero enorme. No podemos ser ingenuos porque somos cristianos y decir «él es cristiano» o «ella es una hermanita». ¡NO!, el enemigo no juega, él va como león rugiente buscando a quién devorar (1 Pedro 5:8-9).

La infidelidad no es algo del siglo veinte, sino que ha sido un problema que ha ocurrido a lo largo de la existencia del ser humano. Si miramos la historia podemos ver que la infidelidad se sienta tanto en palacios, como en los hogares más pobres. Lo vemos en las oficinas de gobiernos, en las compañías, en el trabajo, en los diferentes contextos sociales e históricos, y no afecta solo a hombres, sino también a mujeres. Hay señales de alerta que no debemos ignorar. Tu te conoces más que nadie. No des lugar al diablo.

EN ESTE TIEMPO DE RESTAURACIÓN DE LA CONFIANZA DEBES EVITAR TAMBIÉN ESTOS RIESGOS:

- Confiarle tus problemas de pareja a personas del sexo opuesto.
- Comer a solas con amigos del sexo opuesto.
- Buscar a tu ex pareja en las redes sociales para restablecer contacto.
- Responder a coqueteos, miradas, gestos y palabras insinuantes.
- Llamar a personas del sexo opuesto en las que hay una atracción o puede haber alguna.
- Estar a solas con personas en donde hay una atracción física.
- Frecuentar lugares que promuevan un encuentro a solas.

Capítulo 5
Peligros que existen cuando pasamos por la crisis de la infidelidad

*Sobre todas las cosas cuida tu corazón,
porque este determina el rumbo de tu vida.
Proverbios 4:23 (NTV)*

Cuando enfrentamos una infidelidad pasamos por varias etapas de crisis emocional en las que se ven afectados tanto hombres como mujeres. Es importante identificar estos mecanismos de defensa que tendemos a utilizar para ayudarnos a disipar el impacto de lo que estamos viviendo. A ese proceso en mi vida yo lo llamé desierto. Pienso que esta es la etapa más compleja después de la infidelidad porque es un tiempo en donde tus emociones están en todas partes y sientes que te estás ahogando en el dolor y la incertidumbre de saber qué pasará al final. Muchas veces ni sabemos qué está pasando con nuestras emociones pues parece que están en una montaña rusa.

Yo recuerdo que en mi dolor, comencé a buscar el porqué mi esposo estaba fijando su mirada en otra persona. Comencé a evaluarme a mí misma. Trataba de examinar mis faltas, pensando que había sido mi culpa. Quizá había sido porque no tenía el mejor cuerpo o por mi forma de vestir. Llegó un tiempo en el que incluso llegué a considerar poner mi vida en riesgo para cambiar mi cuerpo con cirugías. Me preguntaba: «¿qué hice mal? ¿en qué fallé como mujer?» Inundaba a mi esposo con preguntas:

—¿Qué te atrajo de ella? ¿Qué tiene ella que me falta a mí? ¿Por qué ella? Y aunque él me decía una y otra vez que el problema no era yo, que era él; yo me torturaba con mis inseguridades. Recuerdo que no podía tener relaciones sexuales con mi esposo sin llegar a pensar:«¿qué estará pasando por su cabeza?, ¿estará pensando en ella?».

Automáticamente, esos pensamientos bloqueaban todo deseo sexual, incluso todo sentimiento positivo. Para mí, ese tiempo fue de mucho dolor e inseguridad. Yo lo llamo mi *desierto* porque sentía que el dolor y las dudas me ahogaban. No fue hasta que busqué ayuda y comencé a estudiar sobre este tópico que descubrí que todo es un mecanismo de defensa que se activa en nosotros desde el día que nos enteramos de la infidelidad de nuestra pareja y que es importante identificar cuál de estos mecanismos nos están afectando para poder buscar la ayuda necesaria.

MECANISMOS DE DEFENSA EMOCIONAL

Permíteme mostrarte algunas de las etapas que pueden estar afectando tus emociones o que pueden haberlas afectado sin que te dieras cuenta. Lo primero que experimentamos es el **estado de shock**. Cuando mi esposo me confesó su infidelidad, yo quedé como en un estado de shock en el cual me sentí que el cielo y la tierra me aplastaban. Quedé inmóvil, mi cuerpo comenzó a temblar, sentí que me iba a desmayar por el impacto que causó aquella noticia. ¡Fue un sentimiento horrible! Mientras mis lágrimas bajaban por mi rostro, no sabía cómo reaccionar o a quién llamar. Sentí que algo se había desgarrado dentro de mí. Ese sentimiento paralizante es solo el comienzo de los síntomas que aparecerán, en los cuales habrá un deterioro personal, social y laboral si no se busca ayuda.

Luego entra en acción un mecanismo de defensa llamado **negación**. Cuando pasa este tipo de eventos, las personas tienden a usar este mecanismo de defensa para no entrar en un decaimiento psicológico y para evitar romperse interiormente. La negación ayuda a mitigar el impacto de la noticia (Cyrulnik 2013). Este estado puede llevar a un tiempo de unión; pero si a lo largo del tiempo no se confronta con la realidad ni se buscan soluciones, la infidelidad puede repetirse o estallar un conflicto mayor.

También se llega a un tiempo de **angustia**. La angustia puede ser una forma de expresar el sufrimiento que se está atravesando al sentir una amenaza de perdida. La infidelidad crea sensaciones de abandono, soledad, desesperación y tiende a dar un sentimiento de que todo se te viene encima. Esta te lleva a un estado donde no puedes realizar o concentrarte en las tareas más simples. Esta angustia te consume con un sentimiento de soledad.

Al descubrir la infidelidad despierta el interés de querer saber cada lujo de detalle de la infidelidad. Piensas que sabiéndolo todo calmarás la angustia. Esto no será así; mientras más sepas, la rabia puede incrementarse, así como el rencor, el resentimiento y la violencia. «La angustia aparece ante la impotencia para deshacer lo hecho o ocurrido» (Castilla del pino, 1981, p.59).

La **culpa** también hace su entrada. Muchas veces, la víctima de la infidelidad cree haber cometido alguna falta. Piensa que todo pasó por algo que hizo mal y comienza a reflexionar en lo que debió o no hacer para evitar que eso sucediera. Le inunda un terrible sentimiento de falta. La infidelidad crea un sentimiento de desaprobación, de pensar «No fui lo suficiente bueno (a)», o muchas veces se llega a la comparación con el o la amante.

Luego puede aparecer la **ansiedad**. La ansiedad puede causar dolores de cabeza, opresión en el pecho, falta de aire, temblores, palpitaciones, sudoración, molestias gástricas, nudo en el estomago, tensión, rigidez muscular, cansancio, hormigueo, mareos, inestabilidad, irritabilidad e insomnio. Estas sensaciones, típicas del estrés agudo, en muchas ocasiones se convierten en una crisis de ansiedad. Psicológicamente, la ansiedad se activa en momentos de preocupaciones excesivas, sensaciones de volverse loco, pérdida de la confianza en uno mismo, ganas de huir, miedos, fobias, dificultad para tomar decisiones, entre otras. Esta puede contribuir a la pérdida de peso, falta de apetito y problemas de sueño.

Asimismo, puede traer sentimientos de **ira, rabia, venganza y resentimiento**. Cuando se descubre una infidelidad, el cónyuge se siente victimizado e inservible. Piensa que todo se perdió: el trabajo, los años o el tiempo… Las emociones están por todas partes, al punto de llegar a pensar en cómo vengarse, cómo probarles el error que cometieron o cómo hacerles pagar por el daño. La infidelidad se percibe como una injusticia. Allí es donde se puede abrir paso a la **depresión**. Muchos se rinden y renuncian al afecto e incluso a las emociones, adoptando una postura de defensa emocional ante futuras posibilidades, y caen en un estado depresivo.

En el proceso vendrán los conocidos **recuerdos**. Momentos en los que se revive la circunstancia de la infidelidad. Las personas tienden a recordar ese instante y a fantasear sobre cómo sucedieron los hechos. Pueden pasar años antes de que la pareja supere esta etapa. Estos recuerdos alimentan la desconfianza, los celos, la paranoia y la vigilancia. La **baja autoestima**. Que viene a las víctimas de una infidelidad por la pérdida de confianza en sí mismas y en sus capacidades, particularmente al verse sustituidas, reemplazadas e inferiores a la o el amante. Esta puede traer inseguridades y falta de amor propio.

Y no puede faltar la **vergüenza**. La vergüenza está ligada al sentimiento de inferioridad. La infidelidad es una humillación que se vuelve no solo privada, sino pública. Muchas personas se horrorizan al pensar ser expuestos a la humillación de una infidelidad, de que todos se enteren lo que está pasando. Es el miedo a buscar ayuda por la vergüenza y al qué dirán. Todas y cada una de estas etapas pueden ser un peligro para la salud de la persona. Incluso pueden afectar las relaciones y los hijos. Es importante entender que no somos superhéroes que pueden llevar el mundo por delante sin que les afecte. Cada una de estas etapas perjudicará tu trabajo, vida personal y relacional. Es importante buscar ayuda para superar estas etapas de una manera más efectiva y saludable.

SUGERENCIAS ADICIONALES

- **No niegues el problema, afróntalo con valentía y busca las soluciones.** Negar la magnitud del problema no arreglará la situación de pareja, al contrario, solo será una bomba de tiempo que tarde o temprano explosionará.

- **Reconoce que no estás solo en este proceso doloroso.** No todo está perdido. Hay solución para lo que estás sintiendo en este momento, y aunque no puedes deshacerte u olvidar lo ocurrido, Dios te dará las fuerzas que necesitas para superar tu angustia y dolor.

- **No es tu culpa. La infidelidad de tu pareja no fue por tu culpa.** No tiene nada que ver con tu apariencia física, ni porque hiciste algo mal.

- **No permitas que la ansiedad te enferme.** Aprende a poner todas tus preocupaciones en las manos de Dios y a descansar en sus promesas para tu vida.
- **No permitas que la rabia y el dolor te desenfoquen** de lo que realmente tiene valor.
- **No todo está perdido.** No le creas a esas voces en tu mente. Esta etapa de tu vida solo te hará más fuerte.
- **No eres cualquier cosa. Eres valiosa(o) para Dios.** Tu situación actual no define quién eres. ¡Ámate sin reservas!
- **No hay nada de qué avergonzarse.** No eres la única persona que ha pasado por una infidelidad. Las experiencias duras de la vida solo vienen para posicionarte.

UNOS DE LOS PELIGROS QUE PUEDEN ESTAR AFECTANDO AL INFIEL

Otras de las etapas de peligro que se enfrentan en una infidelidad son los cambios hormonales. Quiero mencionar este tema porque me he dado cuenta de que es un tema que no se toca mucho, o al menos yo no he encontrado mucha información en relación a la infidelidad después del cambio hormonal. Es necesario señalar que vendrán etapas en la vida que son normales en el proceso de envejecimiento y que esas transformaciones pueden afectar nuestras emociones y decisiones. Cuando aprendemos a conocer nuestro cuerpo y sus cambios, será más sencillo identificar los síntomas relacionados a ello.

Quizá eres joven y piensas que estas cosas no te pasarán; pero sí, el tiempo pasa de prisa y es necesario conocer las diferentes etapas que tu cuerpo atravesará. El cuerpo va cambiando constantemente a lo largo de nuestra vida; la edad y la genética son los principales responsables, aunque no los únicos. María Luisa Fernanda Pérez, especialista en endocrinología en el Hospital Vithas Fátima de Vigo, describe los cambios en la mujer de la siguiente manera: La cantidad de hormonas que tenemos condiciona la evolución de nuestro cuerpo a lo largo de las décadas. «Entre las décadas de los 20 a los 60 años, la mujer sufre una serie de cambios importantes, tanto a nivel hormonal como físicos, como consecuencia de los ciclos menstruales, embarazos y otros derivados del envejecimiento reproductivo». Es crucial estar alerta a estos cambios y educarnos al respecto. Mientras más conozcamos nuestro cuerpo, más simple será trabajar con los cambios.

UN CAMBIO DE VIDA PELIGROSO

Durante la menopausia, la mujer puede pasar por niveles de tristeza, ansiedad e incluso estrés. Su cuerpo comienza a cambiar y por eso es vital que se sienta bella, amada y deseada por su pareja. Cuando su cuerpo hace estos cambios es cuando se pregunta: ¿Será que ya no soy atractiva? ¿Por qué no puedo excitarme con mi esposo? ¿Por qué no se me hace fácil tener un orgasmo? ¿Qué me esta pasando? ¿Será que ya no siento nada por mi pareja?

Esto puede ser peligroso si no se tiene la información correcta y si no se busca ayuda de un profesional de la salud que ayude a conocer mejor esta etapa. Los cambios hormonales pueden darte la impresión incorrecta de tu pareja y tu matrimonio. Es vital identificar y buscar soluciones para estimular la sexualidad con tu pareja. En una investigación que hizo la psicoterapeuta Tammy Nelson, en su libro *When you are the one who cheats*, relata que hoy día es más común que la mujer ande en busca de relaciones por placer sexual. Incluso en su libro usa el ejemplo de la diseñadora Gigi, de 44 años, que tenía hasta tres novios al mismo tiempo mientras aún estaba casada con su esposo, un agricultor de soya en los Estados Unidos. Ella solo quería satisfacción sexual, erotismo y emocionarse con lo prohibido. También la periodista Karin Jones publicó su experiencia en el diario *The New York Times*. En su escrito titulado *Lo que aprendí al dormir con hombres casados*, esta mujer de 52 años y con un matrimonio de 23 años, cuenta que decidió buscar aventuras luego de su separación: «quería sexo, pero no una relación».

Muchos dicen que al ser infieles vuelven a sentirse atractivos y sensuales. La realidad es que es una reacción química que se genera con estas aventuras prohibidas: La adrenalina y las endorfinas aumentan en el cerebro y hacen que la dopamina, conocida como la hormona del placer, los vuelva adictos a este tipo de experiencias. Al leer el escrito de la periodista Jones, me llamó la atención algunos puntos que ella tocó. Ella menciona que después de haber pasado por su divorcio, decidió buscar la forma de satisfacer sus necesidades físicas, sin tener que entrar en una relación formal otra vez; así que creó una página web en busca de hombres que estén buscando lo mismo: *no-strings-attached sex*; es decir, placer sin responsabilidades. Ella dice que un gran número de los hombres que la contactaron eran casados.

Por una parte, podemos ver que ella seguramente no quería volver a pasar por el rompimiento de una relación así que prefirió cubrir sus necesidades físicas sin comprometerse. Por el otro lado, vemos que hay hombres que quisieron aprovechar la oportunidad para satisfacer sus deseos. Ella quiso mostrar un punto importante en su reporte: ¿Por qué les es fácil a los hombres casados involucrarse en una infidelidad, antes de poder hablar honestamente con su cónyuge? Jones dice que los matrimonios deben hacer una reevaluación de su vida de pareja por lo menos una vez al año para evitar un accidente. «Debe haber una discusión entre la esposa y el esposo, por lo menos una vez al año, de esta manera podrán inspeccionar si las llantas de su vehículo necesitan ser reparadas, y así evitar un accidente», afirma.

En su escrito, ella relata que a sus citas llegaban aun hombres religiosos. Jones dice haberle preguntado a uno de ellos:

—¿Qué tal si le dices a tu esposa: Mira, te amo y amo los niños, pero necesito sexo en mi vida? ¿Me podrías permitir una aventura de vez en cuando?

A lo que él contestó:

—Yo no puedo lastimarla. Si le hago ese tipo de pregunta, la mataría.

Qué irónica la contestación de aquel hombre, ¿cierto?

Ninguna de estas mujeres anteriormente mencionadas son cristianas. Son mujeres que sus conductas nos muestran lo lejos que están de tener una relación con Dios. Pero ciertamente lo que dice Jones es una realidad. A muchas parejas les da vergüenza hablar de sexualidad. Pasan toda una vida sin aprender a conocer los deseos de su cónyuge.

No conocen los puntos clave para estimular un orgasmo, qué áreas son más sensibles, qué tipo de cosas son las que no les gusta, etc., Se les hace más fácil tener una aventura. Prefieren guardar el secreto para no dañar a su pareja, cuando en realidad ya lo está haciendo. Hay muchas razones por las que una persona puede buscar un amante, pero ninguna de ellas es justificada, ni siquiera los cambios hormonales. Como hombres y mujeres de Dios, la solución no es tener una aventura para buscar en otro lo que no tenemos en nuestra pareja. La respuesta está en buscar ayuda y alternativas que fomenten y nutran la relación.

Los expertos señalan varios motivos principales que llevan tanto a mujeres como a hombres a tener una infidelidad, entre ellos están:

- Los cambios hormonales.
- El aburrimiento y monotonía en la relación sexual.
- La falta de apoyo de la pareja.
- El no sentirse querido por la pareja.
- La falta de confianza en uno mismo.
- Para salir de la rutina.
- Sensación de insatisfacción generalizada con la vida actual.
- Incertidumbre y dificultad para planear el futuro.
- Preocupación por la apariencia física debido al temor a envejecer.
- Necesidad de llamar la atención, de ser popular en círculos sociales.
- Búsqueda de situaciones novedosas, arriesgadas o juveniles.
- Ruptura con personas, creencias, actividades y estilos de vida.

Los expertos dicen que el hombre pasa por la etapa llamada la andropausia. Esta llega alrededor de los 40 años y es un proceso similar al de la mujer con la menopausia. Se identifica por la disminución en los niveles de testosteronas, las cuales provocan problemas en el desempeño sexual. El problema de los hombres, contrario al de las mujeres, es que no se informan ni se preparan para enfrentarla. Lo cual puede causarles un impacto fuerte en su autoestima. Algunos de los síntomas son cansancio crónico, falta de deseo sexual y excitación, problemas para lograr una erección, caída de cabello, aumento de peso, entre otros. Además de todos estos cambios, el estigma social provoca que el hombre tenga miedo de hablar de las dificultades de su vida sexual, especialmente de la disfunción eréctil. Por tal motivo, muchos hombres buscan aventuras sexuales con mujeres más jóvenes, pero el especialista explica que hacerlo es un error ya que el problema debe tratarse con un médico sexólogo.

NO DES RIENDA SUELTA AL PECADO

Debemos tener en claro que estos cambios no vienen para destruirnos ni para que demos rienda suelta al pecado. Como hijos e hijas de Dios debemos identificarlos y buscar ayuda profesional. Si estás pasando por esta etapa, no es el final de tu relación. No tienes que abandonar tu pareja ni experimentar estar con otra persona para avivar el placer sexual. ¡Edúcate! Se puede vivir un matrimonio pleno a pesar de los cambios hormonales. Recuerda que cada etapa del matrimonio viene acompañada de momentos de bendición. Aprende a aceptar cada fase de tu vida y edúcate para que puedan vivirla a plenitud como pareja. La Biblia dice que todo tiene su tiempo. Si estás entrando en esta etapa de tu vida donde los cambios han llegado, no abandones tu pareja, sino busca la ayuda necesaria para fomentar una vida de matrimonio saludable.

ESTAS SON ALGUNAS COSAS QUE DEBES HACER:

- Planifica con tu pareja y haz cambios.
- Evita la rutina.
- Planifica los encuentros.
- Crea juegos.
- Cambia de posiciones.
- Cambia el escenario.
- Luce tu mejor lencería.
- Ten una alimentación balanceada.
- Realiza actividades físicas.
- Mujer: haz ejercicios de Kegel.
- Mantén un buen aseo personal.
- Aprende a conocer el cuerpo de tu pareja y sus cambios.
- Descubre los puntos de placer de tu pareja.

Capítulo 6
El peligro de la tentación

Porque dos males ha hecho mi pueblo:
Me han abandonado a mí; fuente de aguas vivas,
y han cavado para sí cisternas, cisternas agrietadas que no
retienen agua. Jeremías 2:13

Siempre que hablamos de infidelidad no podemos omitir referirnos a la tentación. La tentación es un impulso irresistible que sentimos de hacer algo. Lo podemos asociar con la seducción y la provocación. Es lo que conocemos nosotros los cristianos como la incitación a pecar o hacer algo que va en contra de los principios bíblicos. Esta viene disfrazada de muchas maneras, pero el fin es el mismo: alejarte de Dios.

LA TENTACIÓN ES UN ARMA DESTRUCTIVA

La tentación es una de las armas mas poderosas de satanás. Incluso fue la primera herramienta que utilizó en el huerto del Edén para hacer caer a nuestros primeros padres. Satanás tentó a Eva para que comiera del fruto prohibido con el fin de detener el propósito de Dios para el ser humano. Él sabía que Dios le había dado instrucciones especificas a Adán de no comer de aquel fruto, y que si ellos desobedecían, él obtendría el derecho legal para operar en contra del ser humano. La tentación no es solo para algunos. Todos somos tentados diariamente a hacer lo incorrecto: a mentir, herir, traicionar, comer de más o fallar en cualquier área de nuestras vidas. Por esto es necesario conocernos a nosotros mismos. ¿Cuáles son nuestras debilidades? ¿Cuáles son nuestras concupiscencias del pasado? ¿En qué áreas no somos fuertes? ¿Qué cosas debemos evitar? Cuando identifiquemos estas áreas en nuestra vida, podremos hacer un plan de acción para resistirlas y vencerlas.

Una de las cosas peculiares que tienen los soldados es que se preparan muy bien para enfrentar a su enemigo. Ellos no van a la guerra sin saber cuáles son las áreas débiles de su oponente. Incluso conocen muy bien sus propios puntos débiles para poder protegerse de su enemigo. Ese ejemplo debemos imitar.

Si la debilidad de una persona es gastar todo su dinero en el casino, ¿cuál sería el plan de estrategia para ayudarlo? Primero, no debería tener el control de sus finanzas. Otra persona debe encargarse de administrar sus finanzas mientras pasa el proceso de restauración. Debería evitar frecuentar lugares donde se puede ver tentado a jugar o apostar, y de esta manera evitar caer en ese ciclo vicioso.

Una de las peculiaridades de satanás es que él sabe de qué forma tentar a las personas. Él las ha venido estudiando por generaciones y lo más irónico es que aunque él no cambia sus estrategias, consigue hacernos caer. ¿Y por qué? Porque somos nosotros los que bajamos la guardia y nos desenfocamos. Se nos olvida que el enemigo no descansa hasta obtener su objetivo. La Biblia dice que no podemos olvidar las maquinaciones del enemigo para que no tome ventaja (2 Corintios 2:11). Debemos entender que aunque satanás tiene el permiso legal para hacernos caer, Cristo le arrebató ese poder en la cruz del calvario. Así que de la única forma en la que él puede hacernos daño es si nosotros mismos se lo permitimos y cedemos a sus maquinaciones. La Palabra nos enseña en 1 Corintios 10:13 que no nos ha sobrevenido ninguna tentación que no sea humana; pero que fiel es Dios, que no dejará que seamos tentados más de lo que podamos resistir, sino que dará también juntamente con la tentación la salida, para que podamos soportar.

NO BAJES LA GUARDIA

La Palabra nos muestra que podemos vencer toda tentación. Nada de lo que viene a nuestras vidas en forma de tentación tiene la habilidad de dominarnos. Cuando miramos la definición de la palabra *sobrevenido*, vemos que significa que un evento a de producirse de modo repentino o de improvisto. Pablo nos dice en esta porción bíblica que Dios no permitirá que ninguna tentación humana o de la carne llegue repentinamente ni de improvisto. Las tentaciones humanas llegarán, y cuando lo hagan, Dios nos dará la salida para poder soportarlas. Cuando buscamos la definición de soportar (resistir) encontramos que es recibir algo que ejerce fuerza o presión sin moverse ni sufrir daño o alteración. En otras palabras, Dios nos está diciendo:

—Cuando llegue la tentación a tu vida, trayendo fuerza o presión sobre ti, yo te daré las fuerzas para resistirlas de tal manera que no te moverás de mi cobertura y no habrá en ti ningún daño ni tu identidad será alterada.

DIOS TE HA CAPACITADO PARA VENCER

Dios te ha capacitado para poder vencer toda tentación. Él ha puesto sobre tu vida el poder para soportar los dardos que azotan tu mente en forma de pensamientos. El primer paso que debes dar es bloquear todo lo que sea contrario a lo que Dios ha establecido sobre tu vida. Mateo 7:20 nos enseña que de nuestro corazón salen los malos pensamientos. Pero también nos dice que Dios nos da la salida para poder resistir cada tentación a pecar. Si resistimos esos pensamientos podremos salir aprobados y recibir las bendiciones que Dios tiene reservadas para nosotros. Santiago 1:12 dice: *Dichoso el que resiste la tentación porque, al salir aprobado, recibirá la corona de vida que Dios ha prometido a quienes lo aman.* Sea que estés siendo tentado a fallarle a tu pareja o a vengarte por lo que te hizo, Dios te ha dado las herramientas para poder resistir. No le des rienda suelta a tu imaginación, ¡resiste! Recuerda que Dios está presto para bendecir tus buenas acciones, pero también dará a cada cual según sus obras porque Él es justo.

¿Puede alguien caminar sobre las brasas sin quemarse los pies? (Prov. 6:28) ¡De ninguna manera!

Cuando me enteré de la traición de mi esposo, uno de los pensamientos que vinieron a mi mente fue hacerle lo mismo. Quería que él sintiera mi dolor; y mi mente me daba ideas de qué hacer y a quién llamar. Mi aflicción no me dejaba pensar con cordura. Recuerdo que cada vez que me ponía a pensar cómo podría infligirle la misma pena, el Espíritu Santo me recordaba la Palabra. Venía a mi mente mi gran amor por Dios. ¿Cómo podía yo hacerle tal cosa a aquel que me había perdonado la vida? ¿Cómo iba yo a perder mi salvación por el dolor que me consumía? ¡Era una idea terrible! Nuestro amor por Dios debe ser más grande que nuestro amor por cualquier persona. Nuestro amor por Dios no debe ser condicional, debe ser auténtico.

Recuerda que es importante entender quién está detrás de toda tentación. Satanás está esperando que le des una simple oportunidad para entrar y destruir todo lo que amas. Mateo 26:41 dice: *Estén alerta y oren para que no caigan en tentación. El espíritu está dispuesto, pero el cuerpo es débil.* La Palabra nos insta a estar alerta, a no bajar la guarda. Debemos estar pendientes de nosotros mismos ya que sabemos que aunque queremos hacer lo bueno, muchas veces terminamos haciendo lo contrario. Por eso es importante tener una vida de oración. Pedirle a Dios que nos ayude a vencer toda tentación, y a poder enfrentar nuestras debilidades con la verdad de la Palabra.

La Biblia nos dice que el reino de los cielos se hace fuerte, pero solo los valientes lo arrebatan. No sé lo que esto significa para ti, pero para mí es un desafío. Dios nos está diciendo:

—El camino se va a poner difícil, pero, tranquilo, tú ya estás equipado, ve a tu conquista.

REVÍSTETE Y GUARDA TU CORAZÓN

En Efesios 6:10-19 podemos ver que tenemos una lucha espiritual, mas hemos sido revestidos con la vestimenta apropiada para vencer. Dios no nos dejó desprotegidos. Incluso la guerra ya está ganada: Cristo ganó la guerra contra satanás y todo su ejército. Nuestra lucha es permanecer en la verdad de la Palabra y guardar nuestro corazón para que nada lo corrompa. El versículo 13 dice: Por tanto , tomad toda la armadura de Dios, para que podáis resistir en el día malo, y habiendo acabado todo, estar firmes.

De eso concluimos que en este proceso debes:
- Alimentar tu mente de pensamientos de bien y no de mal.
- Resistir, no ceder, no darle rienda suelta a ese pensamiento destructivo.
- Evitar todo aquello que contamina tu espíritu.
- Buscar ayuda, si crees no poder lograrlo por tu cuenta.
- Identificar tus áreas débiles y crear un plan de acción.
- Retomar tu autoridad espiritual.
- No subestimar a tu enemigo.

IDENTIFICA LA FUENTE QUE TE SUSTENTA

Cinco fuentes que alimentan tu vida:
1. La música.
2. Las películas.
3. Las redes sociales.
4. El celular.
5. La televisión.

A fines de los años 1960, el pastor Yiye Ávila, uno de los evangelistas pentecostales más relevantes de América Latina que recorrió el continente latino en varias oportunidades por más de cuarenta años predicando en estadios llenos, declaraba: «El televisor es la caja del diablo», e instaba a los cristianos a deshacerse de su televisor. Hubo cientos de testimonios que señalan cómo los pentecostales rompían a martillazos los televisores de sus hogares. Muchas piensan que sus palabras fueron resultado de la ignorancia de Yiye, mezclado con religiosidad; pero por ignorancia o no, algo sí nos queda claro: esta nueva era vino a marcar significativamente nuestras generaciones. La ciencia ha aumentado, pero la humanidad cada día se aleja más de la fuente correcta.

En mi familia acostumbramos a celebrar el día de Acción de Gracias, en donde yo preparo una buena cena para mis hijos y mi nieto. Todos nos reunimos en ese día y yo acostumbro a añadir dos tipos de carnes en el menú, ya que una de mis nueras no come carne roja. El año antepasado, cuando mis hijos llegaron y vieron que habían dos tipos de carnes no sabían por cuál decidirse. Recuerdo que mi esposo me dijo:

—Mi amor, mientras más les des a escoger, más difícil se les hará decidir que van a comer.

Hoy día tenemos la *bendición* de tener variedades para escoger en nuestra vida. Podemos encontrar múltiples opiniones de diferentes tópicos en las redes sociales y hasta películas para todos los gustos. Suena fabuloso, ¿cierto?

El problema es que mientras más recursos tenemos, más confundidos quedamos. El enemigo de las almas sabe esto. Es por eso que mientras estemos alejados de la verdad de la Palabra, resulta sencillo confundirnos y destruir nuestra identidad real.

Yiye Ávila entendía el peligro que la televisión traería a la humanidad. También comprendía el gran reto que esto presentaría a la iglesia.

La Biblia dice: *Y si tu ojo derecho te es ocasión de pecar, arráncalo y échalo de ti; porque te es mejor que se pierda uno de tus miembros, y no que todo tu cuerpo sea arrojado al infierno.*

UNA VERDAD DISTORSIONADA

Hay un peligro inminente cuando nos alimentamos de la fuente incorrecta, cuando abrimos puertas de maldición al dejar que nuestros ojos contaminen nuestro espíritu. Hoy día vemos tantas cosas en la televisión, las redes sociales y en las películas que van en contra de lo establecido por Dios; y si no fijamos nuestra mirada en lo que es verdadero, terminaremos destruyendo nuestra identidad.

Dios nos ha llamado a honrar el matrimonio, a vivir en perfecta unidad en amor, mas el mundo nos ofrece una verdad distorsionada del amor: nos muestran un amor artificial, ese de las películas donde puedes tener *amigos con derechos*. Nos enseñan que si alguien te atrae, hay una atracción física o deseo sexual, pueden ir a la cama y probar si son compatibles. Si esa persona no te gustó, podrías intentarlo con la amiga o amigo de tu pareja. Y si es que te cansas de ese estilo de vida, puedes intentar algo nuevo.

Escuché a alguien decir una vez, cuando era una adolescente, que las películas son el reflejo de la sociedad en que vivimos. No he escuchado algo con más sentido. En la actualidad, los productores de cine buscan hacer dinero a toda costa y crean una imagen que identifique lo que la gente está viviendo hoy día, sin importarles la falta de valores morales que tengan sus películas. Cada vez que vemos uno de estos filmes, algo se está sembrando en nuestro espíritu sin darnos cuenta. Recuerda, satanás no tira sus cartas al azar, él tiene un plan bien pensado. El primer ministerio que Dios constituyó está siendo atacado por todas partes. La familia está siendo quebrantada por medio de las estrategias usadas por satanás. Este acceso fácil y directo a la fuente incorrecta está creando un desbalance en el ser humano.

Es imposible vivir una vida plena en el Señor, alimentándonos de la fuente incorrecta. No podemos tener matrimonios saludables si lo que estamos alimentando son los deseos de la carne. No podemos tener una mente saludable si lo que hacemos es alimentar nuestra lujuria. Cuando mi matrimonio se vio estremecido, comencé a estudiar las razones más comunes que afectan la relación de pareja hoy en día. Una de las herramientas preferidas por satanás en estos tiempos es la pornografía. La pornografía se ha infiltrado en la vida tanto de hombres, mujeres, jóvenes y hasta niños.

EL PELIGRO DE LA PORNOGRAFÍA

Mientras hacía mis estudios encontré una historia que me impactó. Era la de un hombre que vivió en los años 70 y se llamaba Ted Bundy. Él fue capaz de secuestrar, violar y matar a más de 30 mujeres, incluyendo a una niña. Este hombre, según la prensa y las redes sociales, era inteligente, encantador y muy astuto. En su confesión, un día antes de ser llevado a la silla eléctrica, dijo que sus padres no tuvieron nada que ver con sus acciones. Aseguró que había sido criado con buenos valores, en un hogar funcional con padres cristianos. En esa entrevista da una voz de alerta a la sociedad que quizá no le prestó mucha atención por ser un asesino en serie; pero testificó cómo fue que comenzó a descarriar su vida. Su primer encuentro con la pornografía fue a la edad de 12 años. Él dijo que comenzó buscando material pornográfico explícito que encontraba en los negocios de su vecindario, luego, las que hallaba en la basura de los callejones que eran revistas de pornografía cruda. Aquellas imágenes crearon un deseo fuerte, y al cabo del tiempo se volvió una adicción desenfrenada que lo llevó al punto de querer hacer realidad sus deseos. Él expresó tener preocupación por las generaciones futuras: niños que tendrían acceso directo a contenidos violentos en las películas.

Si esto pasó en la vida de Ted Bundy, hace ya 45 años atrás, cuando la tecnología no estaba avanzada, ¿cómo es lo que estamos enfrentando hoy? Hablemos de la gran pantalla. El cine ahora se ha vuelto una fuente poderosa de desenfreno y lujurias que influencian nuestra sociedad.

La novela *Cincuenta sombras de Grey*, escrito por la autora E. L. James, se adaptó como película y en ella se promueve el sexo violento, conocido por las siglas BDSM. Este es un término creado para abarcar un grupo de practicas eróticas libremente consensuadas, que en algunos casos se considera como un estilo de vida. Las siglas significan: bondage, disciplina, sumisión, dominación, sadismo, masoquismo. Déjame explicar lo que cada una de estas partes promueven.

Bondage es el tipo de sexo que promueve la sujeción que implica ciertos vínculos que se establecen en ciertas relaciones de subordinación. Fue un término usado históricamente para referirse al lazo vincular restrictivo que unía a amos y esclavos. Estas prácticas eróticas son relacionadas a la muestra de poder en donde se establecen roles asimétricos como: amo-sumiso, patrón-mucama, jefe-empleado, maestro-alumno, policía-detenido, dueño- mascota, etc.

Disciplina se refiere a la practicas eróticas relacionadas con reglas, castigos, adiestramiento, protocolos de comportamiento y posturas según las circunstancias.

La **dominación y la sumisión** son prácticas de intercambio de poder: Una o más personas dominan a uno o más individuos que se someten. Dominación es un término utilizado para referirse a las practicas eróticas en las que alguien adopta un rol preponderante para actuar de acuerdo a su voluntad y su deseo sobre otro (u otros) que adoptan el rol de sumiso. Esta persona manda y dispone. La otra suele recibir al apelativo de esclavo o esclava sexual.

El **sadismo y masoquismo** se refiere a las prácticas eróticas en las que una persona obtiene placer causando dolor, humillación o incomodidad a otra que acepta la situación. El masoquismo es el término que se utiliza para describir a la persona que obtiene placer experimentando dolor, humillación o incomodidad, generalmente a manos de otra persona. Esa película llegó a ser más vendida que la película de Harry Potter, y el libro se ha vendido en 37 países. ¿Te imaginas a cuántas personas esta película ha influenciado?.

En una entrevista se le preguntó a la autora británica si sus novelas eran pornográficas y ella contestó que la palabra pornografía estaba mal utilizada porque había comida pornográfica o propiedades pornográficas. Ella aseguró que escribe historias de amor. De seguro que esta mujer no conoce el verdadero significado del amor.

AMOR O DESENFRENO

El *amor* que ella describe no es el amor que la Palabra de Dios enseña. Este tipo de conducta no está basada en el amor, sino en las pasiones, lujurias y deseos carnales que dominan al ser humano. Recuerda que al principio mencionamos que satanás utilizó una verdad a medias para tentar a Eva en el Edén. Es cierto que el sexo es una parte importante y necesaria en una relación matrimonial, pero no es la esencia del amor. Estas prácticas son movidas por nuestras concupiscencias para actuar en favor de nuestros propios deseos humanos egoístas. La Biblia dice en Gálatas 5:19 (RVR1960): *Y manifiestas son las obras de la carne, que son: adulterio, fornicación, inmundicia, lascivia...* El amor no daña, no lastima, no manipula, no abusa del poder, no controla ni humilla. Satanás sabe lo que atrae a la carne. Aquellas cosas que haces en secreto, lo que mueve tus deseos más íntimos son la puerta abierta para que satanás destruya tu hogar.

El sexo es lindo, necesario e importante en el matrimonio. Es un don dado por Dios solo para los matrimonios, pero satanás a través de las décadas ha venido cambiando el plan original de Dios. Hoy en día, guardarse para el matrimonio es cosa del pasado, y aquellos jóvenes que quieren abstenerse hasta el matrimonio son objetos de burla.

¿Qué fuente nos está alimentando como hombres y mujeres de Dios? ¿Estamos siendo seducidos por las mentiras del diablo?

Las parejas casadas también se están viendo afectadas. Todo lo que vemos en las redes sociales a través de nuestros celulares y la música promueve el sexo libre. Es tan difícil y casi imposible mantener un matrimonio saludable. Vemos pastores y líderes luchando con la pornografía. Vemos una taza de divorcio grande en nuestras comunidades cristianas.

Vemos suicidios, depresión, violencia, maltrato, etc., todo en el pueblo de Dios. En aquellos que Dios les ha entregado la victoria, pero viven una vida en desgracia constante; y nos preguntamos qué esta pasando. ¿Cómo pasan todas estas cosas? ¿Ha fallado Dios en cumplir su Palabra? ¡De ninguna manera!

El problema está en la fuente que nos sustenta, en aquellas cosas que estamos dejando entrar a nuestro espíritu a través de lo que vemos o escuchamos. Estamos siendo tentados día y noche a hacer lo malo y lo que nos aleja de Dios. Nosotros tenemos en nuestras manos el poder y la autoridad para vencer; pero nuestra carne pone resistencia. En la Biblia encontramos hombres que fueron movidos por la tentación. Pero hubieron dos en específico que obraron diferente ante sus impulsos.

LAZOS DE MUERTE

Comencemos con el rey David. En 2 de Samuel 11 dice que David permaneció en su casa durante la guerra contra los amonitas. Él debía de haber estado en la guerra dirigiendo a sus soldados, pero prefirió quedarse en casa. Muchas cosas pueden haber movido al rey David a hacer aquello, pero quiero traer su situación a este tiempo. Muchas veces, hombres y mujeres prefieren estar encerados en sus cuartos, casas o lugares privados para dar rienda suelta a sus deseos desenfrenados. Cuando tu corazón está lleno de las cosas equivocadas, tiendes a buscar lo secreto y privado para ceder a eso que te domina. Y no es que tú y yo no seamos hijos de Dios, es que somos humanos, y esta humanidad movida por la fuente incorrecta nos hará caer. Por eso la Palabra nos llama a buscar la fuente correcta; Proverbios 14:27 dice: *El temor del Señor es fuente de vida, para evadir los lazos de la muerte.*

Continuemos con la historia de David. Él se quedó ese día en casa y al caer la tarde, se levantó de su lecho y se fue a caminar por su terrado. Desde allí vio a una mujer que estaba bañándose, la cual era hermosa. David tenía sus propias mujeres en palacio, pero ciertamente la tentación no estaba en la belleza de Betsabé, sino en el estado del corazón (mente) de David.

Hay historias de parejas que fallan y cuando les preguntas qué fue lo que les movió a caer, resulta que no fue nada que tuviera que ver con la otra persona, sino con el deseo que ya estaba sembrado en sus corazones. Dios le habló a Caín en el Edén y le dijo que el pecado está a la puerta acechando (Génesis 4:6-7). Tenemos en nuestras manos el poder para vencer la tentación, si queremos. Pero es más fácil dar rienda suelta a nuestros deseos y pensamientos, que hacer lo correcto. David continuó con el deseo de ver quién era aquella mujer tan hermosa, y al preguntar, le dijeron que era la mujer de Urías heteo, uno de los valientes que estaba en la batalla contra los amonitas. La ausencia del esposo fue otra buena razón para alimentar sus deseos desenfrenados. Ella estaba sola y él tenía un deseo increíble por poseerla. A veces describo el deseo sexual como animal, un desenfreno total hasta que se llega al acto de placer, por eso es tan difícil resistirse, humanamente hablando. David estaba siendo movido por el deseo, por el impulso. Así que la mandó a llamar y se acostó con ella. La Biblia cuenta que ella se purificó de su inmundicia y volvió a su casa, pero con el tiempo le hizo saber a David que estaba embarazada.

Pareciera que el plan de encubrir su pecado no funcionó. Ahora tendrían que enfrentar las consecuencias de su desenfreno. Si David hubiera escuchado la voz interior que le decía «no lo hagas, es la mujer de otro», quizá se hubiera evitado todo el sufrimiento y la maldición generacional que aquella decisión le causaría a sus futuras generaciones.

UNA LUCHA INTERIOR

La Biblia dice que el temor a Jehová es la fuente de vida, que nos libra de la muerte. Cuando somos movidos por la tentación, siempre hay dentro de nosotros —eso llamado conciencia— que nos llama a reflexión cuando estamos a punto de tomar una mala decisión. Hay una lucha interna que nos desafía a hacer lo correcto. El día que esa vocecita no nos amoneste, es el día que habremos perdido la sensibilidad a lo bueno. David no solo tomó del fruto prohibido, sino que trató de encubrir su pecado a toda costa y terminó maniobrando un plan diabólico hasta matar a Urías. Hay innumerables decisiones que pueden traer consecuencias dolorosas.

El rey David tenía un corazón conforme al corazón de Dios, pero dejó que sus impulsos humanos dominaran sus acciones. El enemigo sabía su debilidad e hizo todo lo posible por hacerle caer con aquello que David no había dominado. Lo que tú no dominas, te dominara a ti. Es por esto que debemos estar conectados a la fuente correcta.

ROMPE CON EL PLAN DE SATANÁS

¿Qué cosas están alimentando tu vida? A veces pensamos que no importa qué tipo de películas vemos, qué clase de música escuchamos o qué tipo de conversaciones tenemos con otras personas. Pero la realidad es que la Palabra nos dice: *Todo me es lícito, mas no todo conviene: todo me es lícito, mas no todo edifica* (1 Corintios 10:23 RVA). No digo que todo es malo, sino que estás trayendo a tu espíritu cosas que pueden destruirte. ¿La música que escuchas te recuerda conductas y sucesos de tu pasado que te crean sentimientos contrarios a lo establecido por Dios? ¿Despierta en ti pasiones desenfrenadas? ¿Le da rienda suelta a malos deseos, como la droga, el alcohol, el sexo, etc.? ¿Estas cosas que ves o escuchas están alimentando tu vida pecaminosa? ¡Entonces es tiempo de tomar acción y poner un alto! Rompe con el plan de satanás de destruirte. Permite que el Espíritu Santo de Dios te dirija y ponga en ti el dominio que necesitas para vencer.

Evita que tus futuras generaciones carguen con una maldición. Los hijos de David cargaron las mismas pasiones desenfrenadas que David. Amnón, hijo de David, deseó a su media hermana hasta violarla. Dice la palabra que Amnón se enfermó de sus malos deseos por su hermana (2 Samuel 13:2). Absalón, otro hijo de David, también fue movido por el odio hacia su hermano Amnón hasta planear su muerte y asesinarlo. El pecado te enferma, te llena del veneno de la maldad.

Muchas veces no entendemos la magnitud de nuestras malas acciones. David lloró amargamente por el fruto de su pecado, pero también supo reconocer sus faltas y buscar el perdón de Dios. No es tarde para cambiar de fuente. Dios siempre está dispuesto a restaurar nuestras vidas cuando venimos a Él con un corazón arrepentido y presto a cambiar. Cerremos toda puerta de maldición.

Cuidemos el templo. Llenemos nuestro espíritu de cosas que edifican el alma. Identifica qué áreas de tu pasado el enemigo ha estado tratando de alimentar. Qué cosas ha traído de tu pasado para provocar tu caída. No le permitas, escucha la voz de Dios cuando te dice: «Detente» y reconoce tus debilidades. ¿Qué cosas son un peligro para tu crecimiento espiritual? Aquellas que te alejan de Dios. En tu caso, ¿es la música?, ¿es una serie?, ¿es tu celular? Posiciónate nuevamente. Recuerda que Dios te ha entregado las herramientas para vencer; y si por alguna razón piensas que no puedes solo, busca a alguien que te pueda ayudar. No cualquiera. Aquel que tengan un corazón dispuesto, confidente y amoroso. Aquel que ha dado el ejemplo de dominio en su vida y es testimonio del amor y la misericordia de Dios. Pero también que te pueda decir en qué estás mal y cómo puedes cambiar.

No calles, no lo mantengas en secreto, recuerda que lo que mantienes en reserva le da autoridad a satanás sobre ti. Huye de las pasiones desenfrenadas. Quizá sientes que no puedes superar esta tentación que te está rodeando; pero yo te digo que sí puedes vencer. Dios te ha entregado las herramientas necesarias para derrotar toda tentación del enemigo de las almas.

MEJOR QUE DIGAN: «AQUÍ CORRIÓ» QUE «AQUÍ CAYÓ»

Me encanta la historia de José en la Biblia. Un hombre que también fue tentado, pero que supo reaccionar de una manera diferente. Después de haber llegado a Egipto, él fue puesto en gracia por Dios con el oficial del faraón: Potifar. Dice la Palabra que él vio que Dios estaba con José y por tal razón lo hizo mayordomo de su casa y le entregó en su poder todo lo que tenía. La casa de Potifar era bendecida por medio de José.

Al ser mayordomo debía de frecuentar la casa de su amo constantemente. La esposa de Potifar lo había visto y había notado su buen parecer. Es de seguro que aquella mujer creaba fantasías en su mente de cómo seduciría a José. Quizá, cuando se enteraba de que él iba a pasar por la casa, se ponía la ropa más seductora que encontraba. Buscaba la forma de conquistarlo constantemente.

Podemos pensar que ella tal vez estaba pasando por problemas en su matrimonio. Es probable que su esposo no le dedicara tiempo, no tenía una vida de intimidad con ella o ella había perdido la pasión por su esposo, y al ver la hermosura de José se vio envuelta en sus más íntimos deseos de volver a sentirse mujer. Ella insistía y lo acosaba para que José cediera. No sabemos qué cosas pasaron por la mente de aquella mujer; sin embargo, nada justifica darle rienda suelta al pecado. No importa lo que estemos pasando en nuestro matrimonio o relación de pareja, nada justifica desobedecer a Dios. Muchas veces buscamos excusas que nos ayuden a disculpar nuestras malas acciones. Nos movemos impulsados por aquella fuente que ha llenado nuestro corazón: la lujuria, el desenfreno, las pasiones, etc.

Pero esta historia nos trae una enseñanza valiosa. José, al recibir la invitación de aquella mujer a tener intimidad, reconoció lo que estaba sucediendo. En pocas palabras, José le dijo:

—¿Cómo puedo yo abusar de la confianza que he recibido de Potifar? ¿Cómo puedo traicionar la mano que me da de comer?

Hoy en día se ha perdido el respeto por las personas que nos brindan confianza. Aquellos que nos abren las puertas de su casa, de su corazón, de su amistad; es simple traicionar ese voto de lealtad. Pero una cosa importante que podemos aprender de José es que reconoció ese voto de confianza que le había dado Potifar. Si accedía a los deseos de la mujer no solo traicionaría a Potifar, sino que mancharía el nombre de aquel a quien él representaba. La gente sabía a quién José proclamaba como su Dios. Habían visto la mano de Dios obrar en todo lo que José hacía. Si hubiera cedido a la tentación, el nombre de Dios iba a ser maldecido. Él entendió quién era él en Dios, y quién era Dios en su vida.

Muchas veces, cuando cedemos a nuestros deseos o tentaciones, no medimos el daño que podemos hacer a otros.

No medimos a quién traicionamos, a quién herimos o a quién dañamos. ¿Te imaginas todo lo que hubiera perdido José al ceder al pecado? ¿Cuánta maldición hubiera traído a su vida y a la de los que lo rodeaban?

En la actualidad vemos acciones que no representan a Dios. Hombres y mujeres que profesan ser cristianos, caen en este lazo del mismo satanás y rompen sus matrimonios con facilidad, no porque sus vidas estén en peligro con sus cónyuges, sino porque han encontrado satisfacer sus deseos humanos en otra persona. Se puede vencer la tentación. Lo vimos en la historia de José. Mas debemos estar siempre conectados a la fuente correcta, cuidarnos de no contaminar nuestro espíritu con aquellas cosas que promuevan el pecado, entender la importancia de estar conectados a la Palabra de Dios y tener una vida de oración y búsqueda de la presencia de Dios para que cuando estas situaciones lleguen a nuestras vidas podamos salir victoriosos de ellas, como dice la Palabra en Hechos 6:13b: *para que podáis resistir en el día malo, y habiendo acabado todo, estar firmes.*

Capítulo 7
Un principio llamado amor

*El amor es paciente, es bondadoso.
El amor no es envidioso ni jactancioso ni orgulloso.
No se comporta con rudeza, no es egoísta, no se enoja
fácilmente, no guarda rencor. El amor no se deleita en la maldad,
sino que se regocija con la verdad. Todo lo disculpa, todo lo cree,
todo lo espera, todo lo soporta. 1 Corintios 13:4-7*

En medio de los peores procesos de la vida hay un arma poderosa que rompe los paradigmas de este mundo: el amor. El que humanamente podemos ofrecer a otros es un amor egoísta: «Te amo por lo que recibo a cambio», «te amo por lo que me das», «te amo por cómo me siento a tu lado». Este tipo de amor se centra en los beneficios que se obtienes de la otra persona. Es por eso que se hace fácil convertirlo en desprecio, resentimiento y hasta odio cuando ya no recibes lo que esperabas.

Pero el amor que se habla en Corintios no es nada comparado al que ofrece este mundo. No es un amor egoísta ni basado en sentimientos, no se basa en recibir, sino en dar. La Biblia nos habla de este amor cuando nos muestra cuánto Dios nos amó que dio a su único Hijo por nosotros (Juan 3:16). Este amor se sacrifica por el bienestar de otros. Mateo 5:44 nos enseña que este amor te da la habilidad de amar a tus enemigos o aquellas personas que te han hecho mal. Sin embargo, este amor no puede manifestarse en nuestras vidas sin antes haber tenido un encuentro genuino con Cristo. La Biblia dice que cuando venimos a Cristo este amor viene a nosotros por medio de Su Espíritu Santo. Romanos 5:5 dice que Su amor ha sido derramado en nuestros corazones, y aun en Juan 17:26 nos señala que experimentaremos el amor de Dios por medio de Cristo.

Mientras el mundo te dice «el que me la hace, me la pague», el amor de Dios te dice que «pongas la otra mejilla » (Lucas 6:29). A menudo malinterpretamos este versículo y pensamos que significa dejarse pisotear y que hagan de ti lo que quieran, mas no es así.

Lo que nos está enseñando la Palabra es que no debemos pagar mal por mal. La Palabra dice que cuando actuamos basados en el amor de Dios, hacemos cumplir la ley (Romanos 13:10). Me encanta que los versículos anteriores den una lista detallada de lo que no debemos hacer. Vale recalcar que este amor solo puede ser manifestado por —y exclusivamente— la obra de nuestro Señor Jesucristo en nuestras vidas; en el capítulo 13 de Romanos, Pablo le está hablando a la iglesia.

UN AMOR INIGUALABLE

Para que podamos superar todas las etapas difíciles de nuestras vidas debemos entender que el amor de Dios nunca se aparta de nosotros, aun cuando fallamos; si nos arrepentimos, la Palabra nos muestra que tenemos un abogado que pelea por nosotros: *Hijitos míos, estas cosas os escribo para que no pequéis; y si alguno hubiere pecado, abogado tenemos para con el Padre, a Jesucristo el justo* (1 Juan 2:1). El versículo 4 dice que si decimos conocerle y no seguimos sus mandamientos, estamos mintiendo. Todo ser humano falla y comete errores, pero debemos reconocerlos y apartarnos de ellos.

El amor de Dios esta ahí para nosotros y así también nuestro amor debe de ser manifestado por aquellos que nos han fallado, porque de esa manera mostramos que Cristo está en nosotros. Toda nuestra vida debe de estar basada en el amor. La Biblia dice en los mandamientos que el principio de todo se basa en el amor primeramente a Dios y luego a nuestro prójimo.

Quiero que entiendas lo poderoso que es el amor que Dios ha depositado en nosotros. Ese amor es paciente, bondadoso, no es envidioso ni jactancioso u orgulloso. No se comporta con rudeza, no es egoísta, no se enoja fácilmente ni guarda rencor. El amor no se deleita en la maldad, sino que se regocija con la verdad. Todo lo disculpa, todo lo cree, todo lo espera, todo lo soporta. El amor de pareja comienza como un amor filial. Cuando dos personas se conocen y crean una bonita amistad, forjan lazos de ese tipo de amor. Al pasar del tiempo, se transforma en un amor eros, el cual es romántico o erótico, la pasión que siente.

Pero es en Cristo que podemos alcanzar el amor de compromiso. Ese que une dos almas y las sella con ese nudo de tres que no se rompe, este es el amor ágape. Amar a alguien que nos traiciona no es cosa fácil humanamente hablando. En nuestra humanidad, cuando alguien nos hace daño, lo que queremos es hacerlos sufrir también. Pero cuando estamos cimentados en Dios, Su amor por nosotros nos transforma de tal manera que podemos ver nuestras flaquezas en otros. Podemos mirar y decir «pude haber sido yo», «yo he pasado por ahí», «¿qué hubiera pasado si hubiese sido yo?». Cuando miramos a otros como Dios los ve, con ojos de esperanza, los vemos más allá de nuestra aflicción.

Este amor nos da la paciencia para trabajar por el bienestar de otros. Nos da la capacidad para esperar y mantenernos en la esperanza. Cada vez que miro a mi esposo y veo su progreso, mi corazón se llena de gozo. Saber que algún día lo veré cumpliendo cada una de las cosas que Dios ha declarado sobre su vida, es mi mayor satisfacción. Para mí ha sido duro y he tenido que ser fuerte; pero mi paz y confianza no vienen del avance de mi esposo, sino en cuánto yo dependo de mi Padre Celestial.

REVESTIDOS DE PACIENCIA

El amor de Dios te da esa gracia de tener la paciencia que necesitas para superar cualquier obstáculo en tu vida. Te ayuda a tener relaciones saludables, no solo de pareja, sino con todas y cada una de las personas que Dios pone en tu camino. Cuando amas de esta manera se hace mas fácil perdonar a otros, porque en el amor no hay temor. El amor te libera de todo temor, de toda duda y preocupación, porque tu confianza no está centrada en el proceso ni en las personas que te han herido, sino en Dios mismo. Su guía y protección te hacen estar seguro en medio del proceso.

Proverbios 14: 29ª dice: El que es paciente muestra gran discernimiento. La Palabra nos enseña que la paciencia nos da la oportunidad de hacer un buen juicio de lo que está pasando a nuestro alrededor, sin involucrar las emociones. Cuando reaccionamos basados en emociones, no podemos actuar con cordura, mas cuando tenemos este tipo de paciencia basada en el amor, podemos mirar la situación y distinguir con claridad el proceso que estamos viviendo y tomar las decisiones correctas. De esa forma somos pacientes con nuestra pareja, por el amor que le tenemos y el pacto eterno que hicimos con nuestro Padre Celestial.

MANIFESTANDO LA BONDAD

Otra de las cosas que se manifiestan en el amor ágape es la bondad. Cuando vivimos un amor de sentimiento jamás haremos algo bueno a aquel que nos hirió, lo primero que buscamos es justicia personal. Pero cuando la bondad de nuestro Padre se manifiesta en nuestras vidas podemos hacer el bien sin mirar a quién. Quiere decir que tu bondad será el vehículo que Dios usará para transformar esa vida de una vez y por todas.

¿No te has dado de cuenta que cuando una relación de pareja se ve afectada por una infidelidad, lo primero que vemos es la persona afectada tratando de arreglar las cosas? Pero si quien falló no decide solucionar el problema, automáticamente su pareja toma una actitud totalmente diferente y comienza a tratar de buscar la forma de hacerle daño, empiezan los insultos y los pleitos. ¿Por qué crees que sucede eso? Porque no es el amor que viene de Dios, sino que está centrado en el egoísmo. El amor ágape es bondadoso con aquellos que hacen mal. Proverbios 3:27 dice: *No niegues el bien a quien se le debe, cuando esté en tu mano el hacerlo.* El ser piadoso trae recompensa sobre tu vida porque estás obedeciendo a Dios.

Este amor no está centrado en el orgullo. Cuando somos orgullosos pensamos que podemos solucionar las cosas por nuestra cuenta y que siempre tenemos la razón. Proverbios 16:18-19 dice que antes del quebrantamiento viene la soberbia. La soberbia provoca que trates a los demás con desprecio o indiferencia, y eso es algo que ha Dios no le agrada pues ese tipo de conductas vienen de las obras de la carne. Es el padre del orgullo es satanás. Isaías 14:12-15 relata que él estaba tan lleno de orgullo que no pudo valorar todo lo que Dios le había entregado. No le importó dividir la tercera parte de los ángeles ni levantarse en contra de Dios. En cambio, a Dios no le place este tipo de conducta.

La carta de Corintios nos sigue mostrando las virtudes del amor ágape. Este no actúa con rudeza, ni es egoísta, ni guarda rencor. Así que no podemos estar toda una vida guardando rencor y actuando como niños pequeños. Tiene que llegar el momento en que dejemos que su amor predomine en nuestras vidas. Debemos ver a otros como queremos que nos vean a nosotros. Tratar a los demás como queremos ser tratados.

La Palabra dice que el amor de Dios no se deleita en la maldad, sino que se complace en la verdad. Debemos entender que esto es una lucha espiritual la que estamos viviendo. No se trata de lo que vemos en la natural, sino de aquellas cosas que no podemos distinguir en lo espiritual. No peleemos nuestras luchas espirituales con armas naturales. No busques venganza. Revístete con la armadura del Espíritu para que puedas reconocer las acechanzas del enemigo y veas que tu lucha no es con tu pareja, tu vecino, tu compañero de trabajo ni tampoco con tus amigos. La guerra no es con aquel que te hirió, sino con aquel que ha venido a robarte tu corona.

En esta nueva temporada de tu vida, date la oportunidad de manifestar en tu vida este gran principio llamado amor.

PRACTICA ESTO A DIARIO:

- Perdona a quienes te ofenden.
- Haz el bien a todos por igual.
- Cree que Dios lo puede hacer y espera en Sus promesas.
- Soporta un poco más por el bien de otros.
- No te irrites por todo, ora.
- Plácete en desearle el bien a los que te lastiman.
- Toma decisiones basadas en amor, no en sentimientos.
- Manifiesta el amor de Dios en todo tiempo.
- Vence el mal con el bien.

Capítulo 8
Tu identidad en Cristo

De modo que si alguno está en Cristo, nueva criatura es; las cosas viejas pasaron; he aquí todas son hechas nuevas.
2 Corintios 5:17

Una de las cosas que me fascinó al venir a los pies de Cristo fue conocer quién yo realmente era en Él. Me maravillaba escuchar que yo no era más la persona del pasado. Es como cuando una persona ha estado presa por toda su vida y ya cuando no tiene esperanza alguna, llega un juez y le dice:

—Te declaro libre de toda culpa, puedes comenzar de nuevo.

Jamás podré olvidar lo grande que fue ese día para mí.

Cuando venimos a Cristo retomamos nuestra identidad real como hijos y coherederos de las promesas de nuestro Padre Celestial y comenzamos a modificar nuestro carácter y a transformar nuestros pensamientos. La Palabra nos dice que conoceremos la verdad y que por medio de ella nuestra mente será liberada de ideas erróneas que hayan sido sembradas en nosotros (Juan 8:32). ¡Fascinante!, ¿no? Por ejemplo: Llevas toda una vida creyendo que eres un don nadie y de repente escuchas que te dicen que eres lo más importante para alguien, ¿cómo te sentirías? Me imagino que alegre de saber la verdad.

Cuando hablamos de un matrimonio saludable, no podemos descartar la identidad del ser humano. Cuando no sabemos quiénes realmente somos como hijos de Dios, tendemos a vivir una vida movida por cualquier movimiento de pensamiento. Mas cuando se nos ha revelado nuestro verdadero ADN, es imposible actuar o caminar de la misma forma errónea que se muestra en la sociedad de hoy en día. Cuando no hemos asumido nuestra identidad en Cristo, se nos hace fácil como cónyuge herir, ofender, lastimar y hasta incluso pisotear a esas personas que amamos. Pero, cuando entendemos que lo que nos identifica ahora como hijos de Dios son nuestras acciones, comenzamos a dejar que la Palabra de Dios nos vaya moldeando hasta llegar a la plenitud como hijos de Dios.

QUIEN ERES DETERMINA LO QUE HACES

Alguien dijo: *quién eres determinara lo que haces*. Nuestras acciones van de la mano con nuestros pensamientos. Muchas veces, si por alguna razón creemos que alguien está siendo injusto con nosotros, automáticamente reaccionamos de acuerdo a cómo nos están tratando. Esa actitud que identifica quiénes somos: agresivos, impulsivos o quizá impacientes. La gente puede notar nuestro carácter por medio de nuestras acciones. Quizás te conocen por ser una persona impulsiva y agresiva, o quizá porque hablas sin pensar.

Cuando yo supe que mi amiga estaba hablando con mi esposo por un periodo de dos años, mis emociones me decían: «ve y dale una buena paliza para que aprenda a respetar a los hombres casados». Mis sentimientos estaban tan heridos que lo primero que llegó a mi cabeza fue darle su merecido. Mas el Espíritu de Dios puso en mí dominio propio para accionar basado a mi nueva identidad y no a mis emociones o sentimientos humanos.

La Palabra de Dios nos revela nuestra nueva identidad. Ella dice que somos los que le ponemos sazón a la tierra Mateo 5:13. Si en medio de la situación difícil de tu relación optas por dejar que tu naturaleza humana gobierne, el problema se volverá un caos. Pero cuando tu vida es gobernada por el Espíritu Santo, cada una de tus acciones irán de acuerdo a tu nuevo ADN. Como hijos de Dios debemos ser esa luz que alumbre el problema (Mateo 5:14), no el que te lleve a un lugar de oscuridad.

La mayoría de los problemas que hoy en día enfrentan las relaciones de parejas son el reflejo de una marca que viene con ellos desde su pasado. La forma como toman decisiones, solucionan los conflictos o incluso el porqué huyen de ellos puede ser una conducta imitada o un trauma sin resolver. Para vivir una vida plena necesitamos reprogramarnos con la verdad de la Palabra y preguntarnos: «¿Qué dice la Palabra de mí?», «¿Cómo soy realmente?», «¿Soy aquella persona del pasado que toma decisiones a la ligera y que actúa sin pensar, o soy un hijo de Dios lleno de la madurez necesaria para accionar apropiadamente», «¿Voy a vivir en los errores que he cometido en el pasado o voy a dejar que mi mente sea transformada por la verdad de Su Palabra?».

El ser humano vive adaptando e imitando conductas de quienes le rodean. Imitamos a nuestros padres, nuestros hermanos, familiares, vecinos, amigos y demás personas. Fuimos creando una réplica de otros. ¿Has escuchado la frase «eres la viva imagen de tu madre»? A menudo solemos sentirnos orgullosos cuando nos dicen ese tipo de comentarios. El problema es que por mucho tiempo hemos estado imitando a las personas incorrectas. Se ha vuelto una costumbre hacer y decir lo que otros dicen y piensan. Hacemos lo que otros creen que es mejor y se nos olvida a quién debemos imitar ahora: Cristo.

TRANSFORMA TUS PENSAMIENTOS

El día que venimos a Cristo, las cosas de nuestro pasado se quedan allá, en el pasado. Pero nuestra mente necesita ser transformada con la verdad, para que así podamos vivir de acuerdo a los principios que nos hacen herederos de las promesas que vienen incluidas al aceptar a Cristo. Efesios 4:23-32 nos dice: *Y renovaos en el espíritu de vuestra mente, y vestíos del nuevo hombre.* Aquí vemos que Pablo nos está haciendo un llamado a renovar nuestra mente. Cuando hablamos de renovar, estamos hablando de volver a su estado original o dejarlo como nuevo; es decir, regresar tu mente a como fue creado. Debemos dejar que el conocimiento de la verdad de la Palabra comience a revelarnos quiénes realmente somos y para que así podamos hacer este segundo paso: *vestíos del nuevo hombre.* Es como si toda tu vida hubieras estado vestido de vagabundo y de momento te dicen:

—Oye, tú eres hijo del rey de Roma, ¿qué haces vestido como vagabundo?

Debes comenzar a pensar como hijo del rey, actuar y vestirte como tal. Todo lo que hacemos debe ir acorde con nuestra nueva identidad. Antes actuábamos como vagabundos, llenos de malas decisiones y movidos por el pecado, mas ahora vivimos en la verdad y llenos de la justicia divina. Recuerdo una vez que mi familia y yo nos preparábamos un domingo para llegar a la iglesia en la mañana. Mi esposo había escogido la ropa que se quería poner y yo me aseguré de planchar su camisa para que quedara perfectamente lisa.

Luego de haber planchado la camisa, ya cuando era casi tiempo de salir, mi esposo me dijo que no le gustaba cómo le quedaba y que quería que le planche otra camisa. ¡Te puedes imaginar cómo me sentí después de haberme esmerado para que su camisa quedara bien planchada! En mi humanidad, sentí deseos de comenzar una pelea y decirle que él debía plancharla; sin embargo, le dije:

—Ok, mi amor, ¿cuál quieres que te planche ahora?

No puedo negar que en mi interior sentía frustración y coraje, pues íbamos a llegar tarde a la iglesia y yo soy el tipo de persona que me gusta llegar temprano. No obstante, si yo dejaba que mi vieja criatura saliera, no hubiéramos llegado a la iglesia a recibir las bendiciones que Dios tenía preparadas para nosotros. Mi esposo en ese tiempo no le servía al Señor, solo visitaba la iglesia. Si yo en ese momento me hubiera puesto a reclamar y a pelear con él, quizá no hubiera vuelto a la iglesia y no hubiera aceptado al Señor como su Salvador, varias semanas después.

IDENTIDAD DE HIJO

Lo que quiero mostrarte es la importancia de actuar y accionar de acuerdo a nuestra identidad como hijos de Dios. Esta forma de dirigir nuestra vida traerá siempre mejores resultados de los que puede traer nuestras propias conductas erradas. Durante este proceso de restauración, tu cónyuge y tú deben filtrar sus acciones por la Palabra de Dios: «¿Que dice la Palabra que debo hacer en esta situación?», «¿Estaré actuando de la mejor manera?», «¿Qué ven los demás cuando te ven accionar ante la dificultad: a una persona madura, llena del fruto del Espíritu, o ven a la misma persona del pasado que se le hace fácil abrir su boca para maldecir he insultar a los demás».

Como líder en mi iglesia he tenido la oportunidad de escuchar múltiples testimonios de parejas que han enfrentado diferentes situaciones en su relación de pareja, y a veces en el momento en el que cuentan sus anécdotas, nos parecen jocosas; pero no son simples historias graciosas: son una realidad en la vida de nosotros como hijos de Dios.

Recuerdo que una vez una hermana me contó sobre una pelea que había tenido con su esposo porque salía y llegaba borracho. Ella se llenaba de tanto coraje que reaccionaba con ira y una vez hasta le dio una mordida. Cuando ella me contó eso, a mí me causó gracia y ella se quedó sorprendida por mi reacción. No podía creer que yo me estuviera riendo. Ella esperaba que yo reaccionara diferente. Su anécdota me demostró que ella no había madurado lo suficiente para entender que esa no era la actitud correcta y que de esa manera no se iba a ganar a su pareja para Cristo. En la actualidad, cuando recordamos ese momento juntas, ella dice:

—Ahora entiendo tu reacción cuando te conté lo que hice.
Yo nunca la juzgué y no permití que ella se sintiera juzgada. Pero sí aproveche esa ocasión para aconsejarla y decirle que esa no era la actitud adecuada para ayudar a su esposo.

DESECHA LOS MALOS HÁBITOS

Muchas veces, como hijos de Dios, nos olvidamos que los viejos hábitos no solucionaran nuestros problemas de pareja. Debe haber un cambio en tu vida. Debes asumir tu identidad real y comenzar a actuar como hijo del Rey de reyes y Señor de señores. La Biblia también nos dice que venzamos el mal con el bien (Romanos 12:21). Asume tu identidad de hijo y comienza a accionar como tal, y te garantizo que tus buenas acciones darán frutos de bendición a tu vida y a la de las personas que te rodean.

Ahora que conoces quién eres y has cambiado tus vestiduras, debes actuar como lo que eres. Pablo continua diciendo:

Por lo cual, desechando la mentira, hablad verdad cada uno con su prójimo; porque somos miembros los unos de los otros. Airaos, pero no pequéis; no se ponga el sol sobre vuestro enojo, ni deis lugar al diablo. El que hurtaba, no hurte más, sino trabaje, haciendo con sus manos lo que es bueno, para que tenga qué compartir con el que padece necesidad. Ninguna palabra corrompida salga de vuestra boca, sino la que sea buena para la necesaria edificación, a fin de dar gracia a los oyentes. Y no contristéis al Espíritu Santo de Dios, con el cual fuisteis sellados para el día de la redención. Quítense de vosotros toda amargura, enojo, ira, gritería y maledicencia, y toda malicia. Antes sed benignos unos con otros, misericordiosos, perdonándoos unos a otros, como Dios también os perdonó a vosotros en Cristo.

El plan original de Dios es que nos parezcamos a Él en todo lo que hacemos (Génesis 1:27). Él nos creó a Su imagen y semejanza, pero esa imagen se quebró por el pecado y la desobediencia (Génesis 3). Mas Dios mostró Su amor por nosotros al enviar a Cristo a reconectarnos con nuestra herencia (Romanos 5:8). Es tiempo de que asumas tu identidad real, esa que fue restablecida por medio de Cristo para que así puedas ver Su propósito en tu vida y la de tu familia.

A IMAGEN Y SEMEJANZA

Cada vez que hacemos cosas que no representan a Dios estamos reflejando la imagen incorrecta. Cuando buscamos el significado de *imagen y semejanza* nos muestran que una imagen significa figura o representación visual de algo o alguien, también se describe como 'el retrato mismo'. En el hebreo, *imagen* viene de la palabra *tzelem*, que se deriva de otra palabra hebrea más breve llamada *tzel* que significa *'sombra'*. Quiere decir que el plan original de Dios es que nosotros seamos su vivo retrato. Me fascina también la explicación que encontré en el blog *Israel Biblical Studies* en relación a este tema. El Dr. Eli Lizorkin-Eyzenberg escribe: «Cuando los rayos de sol iluminan cualquier objeto, una sombra (tzel) aparece junto a ello. Según la Biblia, el ser humano es nada menos que la imagen de Dios porque en muchos aspectos él/ella maravillosamente refleja/sombrean la perfección y belleza de la divinidad». Cuando la gente nos mira debe ver el mismo retrato de nuestro Padre Celestial. Deben ver una representación genuina de Él. Deben ver sus atributos reflejados en nosotros.

La palabra *semejanza* significa una relación entre dos personas o cosas que tienen características comunes. Tu carácter debe representar a Dios en todo lo que haces porque fuiste creado a su semejanza. El problema es que ese conjunto de características fueron quebrantados por el padre de toda mentira.

Por los siglos, satanás ha tratado de mantenernos desenfocados para que no obtengamos las bendiciones de nuestra herencia como hijos. Es por eso que Cristo llegó al panorama. Sin Él, sería imposible volver a nuestra identidad original. La identidad sufre ciertas modificaciones a lo largo del desarrollo del ser humano, por eso muchos no saben quiénes realmente son, y se sienten perdidos, confundidos y decepcionados de sí mismos.

Nuestro deber como hijos de Dios y embajadores de su Reino es mostrarles a otros cuál es el plan divino de Dios para sus vidas.

No importa qué te hicieron en el pasado, qué te enseñaron o cómo otros hacían las cosas, lo importante es lo que Dios quiere hacer con ese desorden para convertirlo en un testimonio. Dios quiere trabajar en tu situación, restaurar tu matrimonio, bendecir tu hogar, darte todo lo que anhela tu corazón; pero debes entregarle tu voluntad. Debes dejar que sea Él quien te dirija a través de la verdad de Su Palabra. Él desea darnos el fin que esperamos, pero todo eso viene con la obediencia.

CLAVES PARA RECORDAR:

- Debes poner tus problemas en las manos del Señor y dejar de tomar tus propias decisiones.
- Debes asumir tu identidad real.
- Debes ser la imagen perfecta de tu Padre.
- Debes renovar tu mente con la verdad.
- Debes ser un imitador de tu Padre.
- Debes renunciar a las voces contrarias.
- Debes morir a tu yo.
- Debes aprender a vivir en la plenitud de Cristo.

Capítulo 9
La importancia de sanar las heridas del pasado

Él sana a los que tienen roto el corazón,
y les venda las heridas.
Salmos 147:3

Uno de los problemas más frecuentes que experimentan las parejas que están comenzando una nueva relación es que vienen cargando un equipaje pesado en sus espaldas. Cuando Héctor y yo comenzamos nuestra relación, yo todavía estaba luchando con la ruptura de mi relación anterior. Fue todo tan rápido que no me di el tiempo para sanar mis heridas ni la oportunidad de experimentar la paz de estar sola. Aquella relación anterior me dejó marcada por haber vivido durante siete años sufriendo daños emocionales producidos por la manipulación, el control y el abuso sexual de mi pareja.

A la edad de catorce años no se tiene ni la madurez ni la habilidad de manejar las crisis. Aun así, a esa edad formé mi primera familia, y también perdí a mi primer bebé. Esa relación duró siete años en los que traté de permanecer por mis hijos. Quizá te preguntes por qué me casé tan joven, y la razón es que yo tampoco tuve la mejor infancia. Pero esa parte de mi historia la contaré en otra ocasión. Lo que quiero es llevarte a entender la importancia de buscar la sanidad interior antes de entrar en una nueva relación.

Cuando yo llegué a la vida de Héctor, él era un joven soltero que nunca se había casado. Su madre había muerto cuando él tenía tan solo quince años, y su papá había abandonado su hogar cuando él nació. Mi esposo vivía a su suerte con sus hermanas mayores, quienes ya estaban casadas. Como ves, el panorama de mi esposo tampoco era muy alentador. Al juntarse conmigo comenzó a ejercer un rol que ni él mismo había experimentado: la paternidad. Fue como juntar dos bombas de tiempo esperando el momento de detonar.

La desconfianza, las peleas, los celos, la falta de compromiso, la traición, los miedos, el maltrato y muchas otras cosas fueron parte de nuestros primeros ocho años de matrimonio. Todo era un desastre. No fue hasta que a Dios le plació enrollar sus mangas y decir:

—Ok, hijos míos, ahora me toca a mí. Vamos a cambiar la historia de sus vidas.

Muchas veces fracasamos en la vida porque no tenemos a nuestro lado a alguien que nos guíe y nos lleve de la mano. Una persona que nos diga cuándo estamos tomando la decisiones incorrectas. Usualmente, cuando estamos mal nos relacionamos con gente que no está preparada para dar un buen consejo porque sus propias vidas son un desastre. Mas cuando Dios pone a nuestro lado a individuos que nos enseñan el camino correcto, el panorama de nuestra vida cambia.

ES NECESARIO SANAR

Comenzar una relación nueva sin sanar las heridas pasadas es como empezar la segunda temporada de una serie de Netflix sin haber visto el final de la primera temporada. No podrás entender por qué están sucediendo las cosas en ese nuevo capítulo porque no viste la conclusión del anterior. Para poder entender lo que está pasando en tu vida actual debes hacer un recuento de los sucesos vividos en tu pasado y ver qué capítulos quedaron incompletos. Que puertas no cerraste. Qué situaciones no enfrentaste. Qué crisis no sanaste.

Hay muchos que tienden a involucrarse sentimentalmente con otra persona enseguida de terminar con otra relación. Piensan que es mejor buscar a alguien para no tener que sentir la soledad. Algunos no se permiten ese tiempo de duelo necesario para sanar, para conectarse con ellos mismos, para darse la oportunidad de meditar y reflexionar en los procesos de su vida. No se dan la oportunidad de preguntarse cómo quieren que sea su vida de ahora en adelante, y comienzan una nueva relación sin sanar el dolor ni encontrar paz. No se permiten enfrentar los miedos, romper los traumas ni fortalecer su vida de familia, especialmente si tienen hijos.

Cuando entramos en una nueva relación sin permitirnos sanar completamente, ese equipaje pesado de la relación pasada se convertirá en la fuente de problemas y tensiones que terminarán afectando el presente. Es como tratar de cubrir la mancha de un marcador permanente en la pared. Por más pintura que pases encima, la marca del marcador volverá a salir a la superficie. Debes comprar un sellador de manchas diseñado con la cobertura correcta para eliminar ese.

IDENTIFICA LAS ÁREAS AFECTADAS DE TU VIDA

Es necesario identificar qué cosas afectaron tu relación anterior y buscar la salud integral de tu vida. Debes trabajar tu espíritu, tu alma y tu cuerpo. Ámate a ti mismo al punto de no permitirte caer nuevamente en una relación tóxica. Date la oportunidad de nutrir tu vida espiritual. Permite que la Palabra de Dios renueve tu mente con la verdad y hable a tu corazón, dirigiendo tus pasos hacia un mundo mejor y lleno de bendiciones. No tengas prisa, la vida es hermosa, disfruta el camino. Descubre cosas nuevas, viaja, visita lugares nuevos. Comienza ese proyecto que no habías podido realizar antes. Mantén tu mente llena de cosas positivas. Cuida tu cuerpo, sana tu alma y disfruta tus hijos, si tienes algunos, y dales el tiempo de la calidad que quizá antes no le habías podido dar. Te garantizo que si te das la oportunidad de restaurar estas áreas de tu vida y le permites a Dios guiarte en todas tus decisiones, podrás disfrutar tu vida aun sin la compañía de alguien.

Cuando me casé con el padre de mis hijos mayores, no conocía al Señor. A veces me pongo a pensar cómo hubiera sido nuestro matrimonio si hubiéramos conocido a Dios, ¿se hubiera restaurado nuestra relación? No lo sé, pero ya no puedo cambiar mi pasado. Lo que sí puedo hacer es invertir en mi presente para fortalecer mi futuro. La Palabra de Dios dice que cuando venimos a Él, todas las cosas son nuevas. Mi vida pasada estaba llena de malas decisiones; pero ahora que lo conozco, mis decisiones deben ser gobernadas por Él.

Héctor y yo nos casamos por la iglesia después de haber vivido siete años en fornicación. No nos habíamos casado ni queríamos saber del compromiso matrimonial, ¡Qué ignorantes éramos!

Cuando el Señor llegó a nuestras vidas y nos examinamos a la luz de la Palabra reconocimos que estábamos pecando contra Él y contra nosotros mismos al mantenernos en ese estado. Reconocimos nuestras faltas y nos casamos por la iglesia. Desde entonces, nuestro hogar ha pasado un proceso de alineamiento con el propósito de Dios. Cuando descubrí la infidelidad de mi esposo no podía decir que quería divorciarme, aunque llegué a pensarlo. No, ya mi mente había sido renovada con la verdad. Y aunque el adulterio es el permiso legal dado por Dios para el divorcio (Mateo 19), Efesios 4:32 dice que debemos perdonar a aquel que nos hace mal. Mi rol como esposa es trabajar en mi matrimonio para ver qué áreas se han visto afectadas y, con la ayuda de Dios y de personas preparadas, buscar la sanidad de la relación.

NO TE DES POR VENCIDO

Imagínate si yo me hubiera dado por vencida fácilmente y hubiera abandonado a mi esposo por el error que cometió. Hubiera sido como irme en contra de los principios bíblicos del amor ágape del que hablamos en el capítulo anterior. La Biblia dice que el amor cubre multitud de pecados (1 Pedro 4:8). Cubrir significa estar encima o delante de una persona de tal manera con el propósito de proteger. El amor de Dios nos da la habilidad de cubrir a nuestra pareja en medio de su flaqueza o debilidad. No se trata de gritar a los cuatro vientos sus faltas, sino de ayudarle a levantarse. Héctor y yo hemos aprendido a trabajar juntos para ayudarnos mutuamente a superar nuestras flaquezas y debilidades. Hemos aprendido a cubrirnos el uno al otro y hemos permitido que el Espíritu Santo sane nuestras heridas del pasado y nos ayude a permanecer más unidos que nunca. Hoy en día le damos gracias a Dios por los procesos que hemos tenido que superar juntos, porque nos han fortalecido y permitido ayudar a otros que están pasando por lo mismo.

El apóstol Pablo nos habla en la carta a los corintios en relación a este tema y exhorta a la pareja a no abandonar a su cónyuge si este desea permanecer a su lado (1 Corintios 7:12-15). Si tu pareja tiene la intención de cambiar y el deseo de restaurar la relación, no la abandones. Date la oportunidad de restaurar tu relación.

Permite que Dios trabaje en tu matrimonio, para que al final puedan ser el testimonio a muchos de que Dios si restaura los matrimonios si le permitimos a El trabajar en nuestras vidas. Pero si aun después de haber fallado decide seguir viviendo su vida de pecado y se lanza a la aventura que el enemigo le ha puesto en frente, te invito a mantener tu postura como hijo de Dios y comienza una nueva etapa de restauración en tu vida en donde Dios sea el centro de todo lo que hagas. Date la oportunidad de sanar y fortalecerte en el Señor. Busca la ayuda de pastores, consejeros o mentores que te ayuden a superar esta etapa de tu vida y verás que al final de todo tu proceso, tu historia se convertirá en un testimonio de bendición para otros.

Si ya te separaste y estás pasando por ese momento de dolor, permítele a Dios trabajar en tu proceso y date la oportunidad de sanar por completo tus heridas. Haz un análisis completo de tu vida: ¿Qué áreas necesitas cambiar? ¿Cómo tienes que mejorar? ¿Qué heridas debes sanar? Comienza un nuevo periodo conociéndote a ti mismo/a y viviendo en la plenitud que solo ofrece Jesucristo.

Te invito a que seas consiente de la importancia de tener relaciones saludables.

Por tal razón, será importante buscar la ayuda necesaria para poder sanar esas heridas del pasado y comenzar una vida sana emocionalmente. Hay un sinfín de personas que pueden ayudarte a pasar esa transición. Recuerda, Dios tiene el poder para renovar tu mente y ayudarte a través de su Espíritu Santo, pero también ha capacitado hombres y mujeres para trabajar contigo en las deferentes áreas de tu vida, algunos de ellos son:

- Sexólogos.
- Terapistas.
- Psicólogos.
- Pastores.
- Mentores.
- Grupos de apoyo.

COMIENZA ESTA NUEVA ETAPA:

- Buscando tu sanidad interior.
- Dándote la oportunidad de conocerte a ti mismo.
- Haciendo metas personales.
- Cumpliendo tus sueños.
- Viviendo a plenitud.
- Amando tus virtudes y trabajando en mejorar tus flaquezas.
- Renovando tu mente de cosas positivas.
- Relacionándote con personas positivas y ejemplares.

Capítulo 10
Un matrimonio sobre la roca

Todo el que escucha mi enseñanza y la sigue es sabio, como la persona que construye su casa sobre una roca sólida.
Mateo 7:24

La clave para el éxito en el matrimonio muchas veces se nos escapa como agua entre los dedos. Pasamos la vida buscando la forma de solucionar un sinnúmero de problemas sin darnos cuenta que el dilema se desarrolló en el principio. ¿Cuál fue el *fundamento* que usaron al comenzar su relación? ¿Cómo comenzó todo? ¿Será que comenzó como la mía: llena de traumas, desconfianzas, celos y heridas del pasado? Quizá empezó con la mejor intención, pero con la base incorrecta.

Mientras escribo, el Espíritu me trae a mi mente la forma en que se debe construir un edificio. En una construcción, el fundamento o la base es la parte primordial. Si el fundamento está quebrado o desalineado, tarde o temprano el edificio se vendrá abajo. Algo similar están viviendo mis hermanos puertorriqueños. Los meses pasados, en Puerto Rico han estado experimentando fuertes sismos. La tierra se ha estremecido sin parar y ha provocado que esas construcciones que no tenían buenos fundamentos colapsen, dejando a familias enteras sin hogar. Me puedo imaginar la impotencia que deben sentir esos hogares que han invertido su salud, tiempo y dinero para formar lo que para ellos sería un hogar seguro, y luego tener que enfrentar la realidad de la pérdida. Quizá ellos decidieron pagar a un contratista una cantidad menor por su trabajo para ahorrar algunos dólares, sin pensar en las consecuencias finales. Seguramente, al construir la propiedad no estaban pensando en que podría venir un terremoto y destruir su hogar, ya que por más de 100 años no se habían sentido sismos de esa magnitud en Puerto Rico.

Cuando estamos comenzando una nueva relación de pareja a menudo ignoramos las prioridades.

La Biblia nos enseña que el plan de Dios es que tengamos matrimonios fuertes y saludables, preparados para enfrentar los vientos más fuertes. Pero muchas veces hacemos como estas personas que construyeron sus hogares sin invertir en los detalles primordiales. La construcción de un matrimonio debe de ser bien planificada. Debemos utilizar los materiales específicos para que esa construcción sea fuerte y sólida.

La Biblia habla de una historia peculiar de dos hombres que construyeron sus casas de formas diferentes. Lucas 6:47-49 dice; *Un hombre edificó una casa sobre tierra, sin echar cimiento; y el torrente dio con fuerza contra ella y al instante se desplomó, y fue grande la ruina de aquella casa. El otro hombre que al edificar su casa, cavó hondo y echó cimiento sobre la roca; y cuando vino la inundación, el torrente dio con fuerza contra aquella casa, pero no pudo moverla porque había sido bien construida.*

SOBRE QUE FUNDAMENTO CONSTRUISTE

Los dos edificaron sus casas, pero solo uno construyó su hogar sobre el cimiento correcto. Aquí esta la clave del éxito de aquel hombre: *Construyó su hogar sobre la roca*. La Palabra de Dios nos da de igual manera la clave para construir nuestros matrimonios sobre el cimiento correcto. En ella encontramos el manual de instrucciones perfecto para una vida de pareja saludable. Mateo 7:24 dice: *Todo el que escucha mi enseñanza y la sigue es sabio, como la persona que construye su casa sobre una roca sólida.* En esta porción bíblica, Jesús nos está diciendo que si escuchamos su enseñanza y la ponemos en práctica seremos como ese hombre. Cuando una persona tiene que hacer una construcción necesita la instrucción de un arquitecto. Este se especializa en trabajar en la construcción junto a un grupo de arquitectos, supervisores y demás profesionales de la rama. Ellos deciden el tipo de material y los procedimientos que se requieren. Estas personas están calificadas para diseñar y construir proyectos desde su inicio hasta su fin, conocen todo sobre la estructura de la construcción porque ellos lo crearon; así que si alguien quiere conocer algún detalle de la construcción, debe de ir a ellos.

Cuando queremos trabajar con la complejidad del ser humano, quien está más capacitado para trabajar con ellos que su propio Creador.

Dios es nuestro arquitecto. Aquel que nos diseñó para vivir una vida de victoria y plenitud. Su deseo al crearnos fue que permaneciéramos de pie aun después de los vientos contrarios (Proverbios 10:25). Por tal razón el envió a Su Hijo a trabajar con el ser humano. La Biblia nos muestra que Cristo es la piedra angular (1 Pedro 2:6), esa que muchos desecharon (Marcos 12:10); pero que vino al mundo para restaurar aquello que estaba roto. Cristo es ese cimiento sobre quien debemos construir nuestro matrimonio. Cuando le permitimos trabajar en nuestro hogar podremos tener la certeza de que la casa no se derrumbara. Cuando Él, nuestro arquitecto, va moldeando nuestras vidas y va sanando nuestras heridas del pasado podremos experimentar tiempos de bendición.

LA ROCA INCONMOVIBLE

Permitirle a Cristo ser el fundamento de tu matrimonio te llevará a una vida matrimonial estable. Podrán venir las tormentas, las situaciones difíciles y los retos, pero la instrucción de tu Creador a través de Su Espíritu Santo te darán la habilidad de tomar las mejores decisiones por el bienestar de tu hogar. Construir tu hogar sobre la roca inconmovible, que es Cristo, es darte la oportunidad de tener esa cita uno a uno con aquel que te diseñó y pedirle que te dé las herramientas para trabajar con aquellas áreas que se han afectado por tu desenfoque. Si le preguntas que áreas necesitas reparar, Él de seguro te enviará a Su Espíritu Santo para que te ayude a identificar esos problemas que necesitan ser trabajados.

El Espíritu Santo es como esa lucecita en el panel de tu auto que te avisa cuando algo no anda bien con tu vehículo. Cuando tu auto necesita el cambio de aceite, la luz en el panel te deja saber que necesitas cambiar el aceite. Sucede de igual manera cuando las llantas necesitan aire. Con frecuencia ignoramos esas señales de alerta que el Espíritu Santo nos da para que nos detengamos y nos demos el tiempo de sanar o mejorar esas áreas que necesitamos trabajar. Sin embargo, cuando le permites a Cristo tomar el control de tu relación de pareja, y le das la oportunidad de trabajar en tu vida, podrás vivir un ambiente de paz y seguridad, donde haya confianza y el matrimonio se mantenga firme y estable porque tiene una base sobre la roca.

Quizá me digas: «Oneida, mi esposo y yo somos cristianos y a pesar de eso mi hogar está destruido, parece que ya no tiene solución». Ahora yo te pregunto: ¿Se han dado la oportunidad de mirar las luces de alerta que se encendieron para avisarles que algo andaba mal? ¿Han buscado la ayuda necesaria para trabajar la situación de su relación? ¿Cómo fue que construyeron su matrimonio, fue sobre maltrato, violencia, falta de desconfianza, en un ambiente despectivo o falto de expresiones de amor? Si Cristo es el centro de tu hogar y ambos han reconocido quiénes son en Él, asumiendo su posición dentro de la relación, todo marchará bien. Vendrán los vientos y soplarán, pero la casa no se caerá.

LA CLAVE PARA UN HOGAR SALUDABLE

Cuando entendemos el diseño de Dios para nuestras vidas podemos reconocer que ya no somos dos, sino uno (Mateo 19:5). Por lo tanto, debemos hacer todo lo que esté en nuestro alcance para que nuestra relación funcione. No podemos rendirnos por cualquier viento que ataque nuestra casa. Debemos hacer todo lo que esté en nuestras habilidades para restaurar los fundamentos de nuestro hogar; y lo que no podamos solucionar tenemos que dejárselo a aquel que tiene todo poder y dominio para restaurarlo todo: Dios.

Cristo nunca dijo que todo sería fácil, pero dijo: *Si alguno quiere venir en pos de mi, niéguese a sí mismo, tome su cruz cada día , y sígame.* Él es la clave para un hogar saludable. Vivir para Cristo te capacita para tener una vida fuera del egoísmo. Incluso Él compara su relación con la iglesia con un matrimonio.

Él dio su vida por la iglesia, y con eso nos enseñó a no ser egocéntricos, sino a ver el bien de nuestra pareja primero. Efesios 5:25-33 (NTV) dice: *Esposos , amen a sus esposas, así como Cristo amó a la iglesia y se entregó por ella. El verso 28 dice: Asimismo el el esposo debe amar a su esposa como a su propio cuerpo. El que ama a su esposa se ama a sí mismo, pues nadie ha odiado jamás a su propio cuerpo; al contrario, lo alimenta y lo cuida, así como Cristo hace con la iglesia.*

Cristo vino a darnos el ejemplo perfecto de lo que debemos ser como pareja. Él no dijo que sería sencillo —sino mira los dolores de cabeza que nosotros como iglesia le damos—, pero no por eso Él nos abandona o nos deja solos. El matrimonio se centra en amor y respeto. Por eso la segunda parte del versículo 33 dice: Y la esposa respete a su esposo.

Si buscamos una vida íntima de relación con Dios, te garantizo que las promesas de Cristo se harán realidad en tu matrimonio. Permite que el verdadero arquitecto de tu vida comience a inspeccionar esas grietas que se han formado con el movimiento de los sismos creados por los problemas. Permite que Su Espíritu Santo te deje ver las áreas que necesitan ser restauradas en la vida de ambos. Reconoce que no todo está perdido, que si le das la oportunidad a Cristo de dirigir tu vida y si dejas a un lado tus deseos personales, podrás ver una luz al final del camino. Cuando tu vida está sobre la roca que es Cristo, tendrás la habilidad de restaurar lo que está roto. Él te otorga el poder para perdonar. Te da la habilidad de enfrentar tus temores, de poder restaurar la confianza nuevamente. Te dará la sabiduría para guardarte de caer en el peligro y te enseñará a vivir en amor. Al reconocer quién eres en Él y asumir tu identidad, podrás sanar tus heridas del pasado y vencer toda tentación que se presente para entorpecer el plan original de tu Creador.

Cristo es la clave de tu matrimonio. Si no lo tienes en tu vida todavía, te invito a conocerlo. Él está dispuesto a restaurar los que se ha roto en tu vida y te garantizo que tu vida no será igual después de conocerlo. La Biblia nos dice que por cuanto todos pecaron están destituidos de la gloria de Dios (Romanos 3:9-10). Una vida de pecado te aleja de tener una vida de relación con tu Creador y de poder recibir todas esas bendiciones que Él tiene para ti y los tuyos. Su amor fue tan grande que envió a Su Hijo Jesucristo para que tú tengas la oportunidad de conocer quién eres y retomes tu lugar su hijo (Romanos 5:8). El sacrificio de Jesucristo en la cruz del calvario te da la oportunidad de tener acceso a esas bendiciones nuevamente (1 Pedro 3:18). Y lo único que tienes que hacer es reconocer su sacrificio en la cruz y pedirle perdón por tus pecados, aceptando su poderío sobre tu vida (Juan 3:16-17). De esta manera le estarás dando el control de tu vida y la de tu familia para que pueda dirigirte, instruirte y guiarte hacia un matrimonio cimentado sobre la roca.

PARA TENER UN MATRIMONIO CONSTRUIDO SOBRE LA ROCA DEBES:

- Poner a Cristo como tu fundamento.
- Permitir que tu vida sea dirigida por la verdad de la Palabra.
- Perdonar todos los días.
- Echar fuera todo temor.
- Tener tu confianza puesta en Dios.
- Reconocer quién eres en Dios.
- Asumir tu posición de hijo (a).
- Dejar que Su amor ágape abunde en tu hogar.
- Dar segundas oportunidades.
- Morir a tu yo.

HOJAS DE EJERCICIOS

Ejercicios y Reflexiones Transformadoras

Me alegra saber que has hecho de este libro tu compañero en este proceso hacia tu sanidad emocional. Te aconsejo que tomes el tiempo con tu pareja para contestar las preguntas a continuación. Sé honesto en tus respuestas, recuerda que la respuesta sincera será el primer paso a la restauración.

Después de realizar las hojas de trabajo, comparte tu progreso con tu líder o mentor en tu proceso de restauración. Si aún no estás trabajando con alguien, te invito a ir a la sesión de próximos pasos de este libro y **reservar una cita conmigo** para darte seguimiento y mentoría grupal o individual según lo requieras.

Ejercicio Capítulo 1:

Un matrimonio puede sobrevivir una infidelidad

Hoja de reflexión: Persona afectada por un acto de infidelidad de su cónyuge.

La confesión sincera de mi esposo fue el primer paso para la restauración de nuestro matrimonio.

1. ¿Cuál fue tu reacción al escuchar la confesión de tu pareja, si hubo alguna? ¿Cómo te sentiste?:

_____

_____

_____

2. Si tu pareja no ha hecho esa confesión sincera, ¿te gustaría que lo hiciera? ¿Por qué?:

_____

_____

_____

3. ¿Crees que reaccionaste incorrectamente? ¿Por qué?:

_____

_____

_____

En mi proceso, Dios siempre estuvo ahí para darme la fortaleza necesaria. Su gracia se hizo notable en mi vida.

4. ¿Has sentido la mano de Dios en tu proceso? ¿Por qué?:
_____
_____

5. ¿Has mantenido una relación saludable con Dios durante este tiempo difícil? ¿Por qué?:
_____
_____
_____

Al comienzo de mi proceso, el dolor era tan fuerte que llegué a pensar que el divorcio era la solución. Fue necesario darnos la oportunidad de trabajar con personas capacitadas para identificar la raíz del problema y guiarnos hacia la restauración.

6. ¿Has sentido que tus sentimientos de dolor son más fuertes que tu habilidad de razonar sabiamente? ¿Por qué?:
_____
_____
_____
_____

7. ¿Haz considerado la ayuda de un profesional? ¿Por qué?:

_____

_____

_____

_____

8. En mi caso, la causa de la infidelidad fue la pornografía. ¿Cuál fue la causa en el caso de ustedes?

_____

_____

_____

_____

Me alegra saber que haz hecho de este libro tu compañero en este proceso hacia tu sanidad emocional. Te aconsejo añadir la ayuda de un profesional como un pastor consejero, mentor espiritual, o terapista cristiano que les pueda guiar hacia una restauración integral.

Evaluemos tu situación: Persona que falló

Hoja de reflexión: Persona que ofendió a su cónyuge con un acto de infidelidad

Cuando mi esposo decidió confesar su falta me ayudó a reconsiderar mi decisión y darle la oportunidad de arreglar el daño ocasionado.

1. ¿Has confesado tu falta? ¿Por qué?:
_____
_____
_____
_____

2. ¿Cómo te sentiste al confesar tu falta?, ¿por qué?:
_____
_____
_____
_____

3. ¿Has reconocido el daño que tu falta ha causado? ¿Por qué?:
_____
_____
_____
_____

En este proceso es importante que reconozcas el daño que tus acciones han causado a aquellas personas que te aman.

No puedes omitir el gran daño que has ocasionado; sin embargo, es importante que entiendas que ese primer paso de reconocimiento y confesión abrirán una puerta en tu vida que le permitirá a Dios trabajar en tu corazón para restaurarte.

4. ¿Sientes que le has fallado a Dios? ¿Por qué?:

_____

_____

_____

_____

_____

5. ¿Te sientes inmerecedor del perdón de Dios? ¿Por qué?:

_____

_____

_____

_____

_____

Mi esposo sentía que no merecía el perdón de Dios y tenía un horrible sentimiento de culpa. Él pensaba que Dios no lo escucharía por su error; sin embargo, la mentoría pastoral le ayudó a reconocer su falta y aceptar el perdón Dios por medio de la gracia de nuestro Señor Jesucristo.

6. ¿Estarías dispuesto a buscar ayuda de un profesional? ¿Por qué?:

_____

_____

_____

_____

_____

7. ¿Cuál crees que fue la causa de tu infidelidad?, ¿por qué?:

_____

_____

_____

_____

_____

_____

_____

Ejercicio Capítulo 2:

El poder del perdón

Hoja de reflexión: Persona afectada por un acto de infidelidad de su cónyuge.

El perdón es la llave que abre un mundo de bendiciones para tu vida. ¡El perdón te liberta! y te posiciona en el lugar correcto para recibir una sanidad integral: espíritu, mente y cuerpo.

1. ¿Has podido perdonar a la persona que te traicionó? ¿Por qué?:

_____
_____
_____
_____
_____

2. ¿Has sentido deseos de venganza, o has hecho algo para vengarte? ¿Por qué?:

_____
_____
_____
_____
_____

3. Si no has perdonado, ¿qué crees que necesitas para perdonar?:

_____

_____

_____

_____

4. Si has perdonado, ¿cómo te sentiste al otorgar el perdón?:

_____

_____

_____

_____

5. ¿Te atreves mencionar a aquellas personas que has perdonado en tu vida?:

_____

_____

_____

_____

¡La traición no viene para destruirnos, la traición llega para posicionarnos! Cada situación difícil de la vida nos da la oportunidad de hacer una de dos cosas: detenernos y permitir que el proceso nos destruya; o nos levantamos y aprendemos a hacer una buena limonada de esos limones.

6. Al leer el capítulo dos del libro, ¿has reconocido la importancia de perdonar? ¿Por qué es necesario?:

_____

_____

_____

_____

7. ¿Has entendido que perdonar es un mandato de Dios para que en el día de tu falta seas perdonado también?:

_____

_____

_____

_____

8. ¿Cuál es tu relación ahora mismo con Dios? ¿Te sientes mal por no poder perdonar?:

_____

_____

_____

_____

Hoja de reflexión: Persona que ofendió a su cónyuge con un acto de infidelidad.

El paso más importante después de la confesión sincera es el perdonarte a ti mismo por la falta cometida y pedirle perdón a aquellas personas que heriste.

1. ¿Te has perdonado a ti mismo por la falta que cometiste?:

_____

_____

_____

2. ¿Tienes la disposición de hacer lo necesario para enmendar tu error? ¿Por qué?:

_____

_____

_____

_____

3. ¿Has pedido perdón a la persona que lastimaste? ¿Por qué?:

_____

_____

_____

_____

4. ¿Si has pedido perdón, ¿cómo te sentiste al hacerlo?

_____
_____
_____

5. ¿A quienes has pedido perdón?

_____
_____
_____

El miedo más grande que sintió mi esposo al confesar la verdad fue no recibir mi perdón. Sentía miedo de no poder salvar nuestro matrimonio por la falta de perdón.

6. ¿Has sentido miedo que no te perdonen? ¿Por qué?:

_____
_____
_____

7. ¿Estás dispuesto a valorar ese perdón? ¿Por qué?:

_____
_____
_____

8. Aunque la persona no te perdone tu ofensa, Dios sí te perdona si te arrepientes de corazón. ¿Cómo te sienes al saber que Dios te perdona?:

_____

_____

_____

_____

_____

_____

Ejercicio Capítulo 3:

El poder del perdón

Hoja de reflexión: Persona afectada por un acto de infidelidad de su cónyuge.

Al descubrir la infidelidad de mi esposo tuve que enfrentar múltiples temores que llegaron a mi vida para robar mi paz. Me atemorizaba causarle dolor a mis hijos y tener que reconstruir mi vida sin mi familia completa.

1. ¿Qué temores han surgido al descubrir la infidelidad de tu pareja? Enuméralos a continuación.

_____

_____

_____

_____

_____

2. ¿Por qué tienes estos temores?:

_____

_____

_____

_____

_____

3. ¿Cómo piensas que la infidelidad afectará tu vida?:

_____
_____
_____
_____

4. ¿Has buscado ayuda o consejo de alguien de tu confianza?:

Si tu respuesta es «sí»:
¿Qué tipo de relación tiene en tu vida y cómo te ha ayudado?

_____
_____
_____
_____

Si tu respuesta es «no»:
¿Estarías dispuesto a abrir tu corazón para que te ayuden?

_____
_____
_____
_____

Muchas veces pensamos que nadie va entender lo que estamos pasando y no podrán ayudarnos a enfrentar nuestros temores, pero eso es mentira. Darte la oportunidad de desahogarte con alguien de confianza te ayudará a ventilar tu dolor y te dará la oportunidad de recibir la ayuda necesaria de aquellas personas capacitadas para ayudarte.

5. ¿Qué crees que debes hacer para poder confiar más en Dios en este proceso?:

_____

_____

_____

6. ¿Te atreves a poner tus miedos en las manos de Dios y permitirle que trabaje con ellos?:

_____

_____

_____

7. ¿Qué vas a hacer para lograrlo?:

_____

_____

_____

8. Comienza este proceso de confianza escribiendo aquí una afirmación.

_____

_____

_____

Hoja de reflexión: Persona que ofendió a su cónyuge con un acto de infidelidad.

Cuando mi esposo confesó su falta, sintió miedo de perder su familia. Le aterrorizaba la idea de perder a su esposa e hijos. Tenía miedo de estar solo y de no tener una razón para vivir; por eso tuvo que enfrentar sus miedos.

1. ¿Cuáles han sido tus temores más grandes al ser descubierto? Enuméralos a continuación.

_____

_____

_____

_____

2. ¿Por qué estas áreas que has mencionado son importantes para tu vida?:

_____

_____

_____

_____

3. ¿Cómo piensas que ese acto de infidelidad afectará tu vida?, ¿por qué?:

_____

_____

_____

_____

4. ¿Has buscado ayuda o consejo de alguien de tu confianza?:

Si tu respuesta es «sí»:
¿Qué tipo de relación tiene en tu vida y cómo te ha ayudado?

_____

_____

_____

_____

Si tu respuesta es «no»:
¿Estarías dispuesto a abrir tu corazón para que te ayuden?

_____

_____

_____

_____

Cuando mi esposo confesó su falta, sintió miedo de perder su familia. Le aterrorizaba la idea de perder a su esposa e hijos. Tenía miedo de estar solo y de no tener una razón para vivir; por eso tuvo que enfrentar sus miedos.

5. ¿Qué crees que te ayudaría más a confiar en Dios en este proceso?, ¿por qué?:

_____

_____

_____

6. ¿Te atreves a poner tus miedos en las manos de Dios y permitirle que trabaje con ellos?:

_____
_____
_____
_____

7. ¿Qué vas a hacer para lograrlo?:

_____
_____
_____
_____

8. Comienza este proceso de confianza escribiendo aquí una afirmación.

_____
_____
_____
_____
_____
_____

Ejercicio Capítulo 4:

Restaura la confianza

Hoja de reflexión: Persona afectada por un acto de infidelidad de su cónyuge.

Restaurar la confianza de pareja es un proceso lento que podría tardar años, y requiere que ambos trabajen en equipo para lograrlo.

1. ¿Has podido restaurar la confianza en tu relación? ¿Por qué?:

___

2. ¿Qué tipo de estrategias han utilizado para lograrlo?:

___

3. Si tu respuesta fue no, ¿estarías dispuesto a crear un plan de acción para restaurar la confianza?:

___

El desarrollo de un plan de acción te ayudará a poner una línea fina entre las cosas que sí y no aceptan en la relación. De esta manera, cada uno ayudará al otro a desarrollar la confianza y a evitar aquellas cosas que podrían destruirla.

4. ¿En qué áreas sientes que no puedes confiar?, ¿por qué?:

_____

_____

_____

_____

5. ¿Qué cosas crees que tu pareja puede hacer para ayudarte a restaurar la confianza?:

_____

_____

_____

_____

6. ¿Qué estarías dispuesto a hacer en el proceso?:

_____

_____

_____

_____

7. Menciona tres cosas que tu pareja ha dejado de hacer para mejorar la relación.

_____

_____

_____

_____

8. ¿Cómo te sientes cuando vez cambios positivos en tu pareja? ¿por qué?:

_____

_____

_____

_____

Notas:

_____

_____

_____

_____

_____

_____

_____

Hoja de reflexión: Persona que ofendió a su cónyuge con un acto de infidelidad.

Restaurar la confianza de pareja es un proceso lento que podría tardar años, y requiere que ambos trabajen en equipo para lograrlo.

1. ¿Sientes que tu pareja ha vuelto a confiar en ti? ¿Por qué?:

_____

_____

_____

2. ¿Qué crees que debes hacer para ayudar a tu pareja a restaurar la confianza?:

_____

_____

_____

3. ¿Qué lugares debes evitar y qué acciones debes eliminar de tu vida para acelerar el proceso de la restauración de confianza?:

_____

_____

_____

_____

El desarrollo de un plan de acción te ayudará a poner una línea entre las cosas que sí y no aceptan en la relación. De esta manera, cada uno ayudará al otro a desarrollar la confianza y a evitar aquellas cosas que podrían destruirla.

4. ¿Te gustaría tener un plan de acción que les ayude a restaurar la confianza? ¿Por qué?:

_____
_____
_____
_____

5. Menciona en qué áreas tu pareja ha sido lo suficientemente paciente contigo.

_____
_____
_____
_____

6. ¿Tienes la disposición de poner de tu parte para que las cosas mejoren?:

_____
_____
_____
_____

7. ¿Cómo te sientes cuando tu pareja reconoce tu esfuerzo por mejorar la relación? Si aún no lo hace, ¿te gustaría que lo hiciera?:

_____

_____

_____

8. Menciona tres acciones positivas de tu pareja.

_____

_____

_____

_____

Ejercicio Capítulo 5:

Peligros que existen cuando pasamos por la crisis de una infidelidad

Hoja de reflexión: Persona afectada por un acto de infidelidad de su cónyuge.

Cuando la noticia de una infidelidad llega, tendemos a crear un mecanismo de defensa que nos ayuda a disminuir el impacto del dolor; pero al final puede afectar todo en nuestras vidas.

1. Después de leer este capítulo del libro, ¿qué mecanismos de defensa crees que utilizaste en tu proceso?:

_____

_____

_____

2. ¿Sientes que te han ayudado o crees que empeoró tu salud física y emocional?:

_____

_____

_____

3. ¿Cómo los has superado? Si no los has podido superar, ¿tienes la disposición de buscar ayuda?, ¿por qué?:

_____

_____

_____

4. ¿Has considerado trabajar con un profesional de la salud mental para canalizar tus emociones? ¿Por qué?:

_____
_____
_____
_____
_____

Uno de los peligros que pueden afectar una relación son los cambios hormonales, por esto es necesario conocer los cambios de nuestro cuerpo y trabajar con ellos de una manera efectiva, sin que estos afecten nuestra relación de pareja.

5. ¿Crees que estás en esa etapa de tu vida donde los cambios hormonales pueden haber afectado tu relación de pareja? ¿Por qué?:

_____
_____
_____

6. ¿Tienes la disposición de buscar información al respecto para conocer mejor tu cuerpo? ¿Por qué?:

_____
_____
_____

7. ¿Crees que hay áreas en tu relación íntima de pareja que debes mejorar?:

_____

_____

_____

_____

8. ¿Tienes la disposición para hacer los cambios necesarios?

_____

_____

_____

_____

Hoja de reflexión: Persona que ofendió a su cónyuge con un acto de infidelidad.

Cuando se comete una falta como la infidelidad, no solo se ve afectada la pareja, sino también la persona infiel pasa por un desbalance emocional.

1. ¿Cómo te has sentido después de haber cometido la falta?, ¿por qué?:

_____

_____

_____

2. ¿Todavía estás luchando con sentimientos contrarios? Explica.

_____

_____

_____

3. ¿Piensas que estás mejorando en esa área?

_____

_____

_____

4. ¿Tienes la disposición de buscar ayuda para mejorar tu condición actual?

_____

_____

_____

Uno de los peligros que pueden afectar una relación son los cambios hormonales, por esto es necesario conocer los cambios de nuestro cuerpo para poder trabajar con ellos de una manera efectiva sin afectar nuestra relación de pareja.

5. ¿Crees que estás en esa etapa de tu vida donde los cambios hormonales pueden haber afectado tu relación de pareja? ¿Por qué?
_____
_____
_____

6. ¿Tienes la disposición de buscar información al respecto para conocer mejor tu cuerpo? ¿Por qué?:
_____
_____
_____

7. ¿Crees que hay áreas en tu relación íntima de pareja que debes mejorar?
_____
_____
_____

8. ¿Tienes la disposición para hacer los cambios necesarios?
_____
_____
_____

NOTAS:

Ejercicio Capítulo 6:
El peligro de la tentación

Hoja de reflexión: Para ambos

Siempre que nos referimos a la infidelidad no podemos omitir hablar de lo que conocemos como la tentación. La tentación es un impulso, un deseo irresistible que sentimos de hacer algo. Lo podemos asociar con la seducción y la provocación. Es lo que conocemos nosotros los cristianos como la incitación a pecar o hacer algo que va en contra de los principios bíblicos.

Espacio para *Ella*

1. ¿Qué tipo de tentaciones han llegado a tu vida luego de descubrir la infidelidad de tu pareja?

_____

_____

_____

_____

2. ¿Qué cosas has hecho para evitar caer en esa tentación, o cómo crees poder vencerlo?

_____

_____

_____

_____

3. Si cediste a la tentación, ¿qué tipo de resultado obtuviste por tu acción?:

_____

_____

_____

4. ¿Te arrepientes de haber reaccionado así? ¿Por qué?:

_____

_____

_____

En el capítulo seis hablamos de cinco fuentes que pueden bendecir o maldecir nuestras vidas. Lo importante es entender que debemos siempre alimentarnos de la fuente correcta.

5. ¿Cómo crees que una de esas cinco fuentes pueden de una manera u otra afectar tu vida?, ¿por qué?:

_____

_____

_____

_____

_____

6. ¿Qué tipo de acción debes tomar para evitarlo?, ¿por qué?:

_____

_____

_____

_____

7. ¿Crees que alguna de estas fuentes han sido mal utilizadas por tu pareja? ¿Por qué?:

_____

_____

_____

_____

8. ¿Cómo crees que podrían ayudarse el uno al otro para mejorar en esta área?:

_____

_____

_____

_____

Espacio para *Él*

1. ¿Qué tipo de tentaciones han llegado a tu vida luego de descubrir la infidelidad de tu pareja?

_____

_____

_____

_____

2. ¿Qué cosas has hecho para evitar caer en esa tentación, o cómo crees poder vencerlo?

_____

_____

_____

_____

3. Si cediste a la tentación, ¿qué tipo de resultado obtuviste por tu acción?:

_____

_____

_____

_____

4. ¿Te arrepientes de haber reaccionado así? ¿Por qué?:

_____
_____
_____
_____

En el capítulo seis hablamos de cinco fuentes que pueden bendecir o maldecir nuestras vidas. Lo importante es entender que debemos siempre alimentarnos de la fuente correcta.

5. ¿Cómo crees que una de esas cinco fuentes pueden de una manera u otra afectar tu vida?, ¿por qué?:

_____
_____
_____
_____

6. ¿Qué tipo de acción debes tomar para evitarlo?, ¿por qué?:

_____
_____
_____
_____

7. ¿Crees que alguna de estas fuentes han sido mal utilizadas por tu pareja? ¿Por qué?:

_____

_____

_____

_____

8. ¿Cómo crees que podrían ayudarse el uno al otro para mejorar en esta área?:

_____

_____

_____

_____

Ejercicio Capítulo 7:

Un principio llamado amor

Hoja de reflexión: Para ambos

El amor revelado en la carta a los corintios es el principio más poderoso dado a los hijos de Dios. Este tipo de amor rompe los paradigmas de este mundo y establece sobre nuestras vidas el poderío de nuestro Padre Celestial.

Espacio para *Ella*

1. ¿Cómo te sentiste al saber cuánto Dios te ama?:

_____

_____

_____

_____

2. ¿Piensas que Dios dejaría de amarte si le fallas?:

_____

_____

_____

_____

3. ¿Qué opinas del amor ágape de Dios?

_____
_____
_____
_____

4. ¿Crees que ese amor es necesario en nuestras vidas? ¿Por qué?:

_____
_____
_____
_____

El amor de Dios no es un amor egoísta ni narcisista. El amor de Dios todo lo entrega por el bienestar de los demás.

5. ¿Crees que has manifestado este tipo de amor hacia tu pareja? ¿Por qué?:

_____
_____
_____
_____

6. ¿Qué crees que te hace falta para poder manifestar este tipo de amor por tu pareja? ¿Por qué?:

_____

_____

_____

_____

_____

7. ¿Qué crees que debes hacer de hoy en adelante para manifestar mejor el amor de Dios a los demás?:

_____

_____

_____

_____

_____

8. ¿Cuáles de las características del amor ágape ves reflejadas en tu vida frecuentemente?:

_____

_____

_____

_____

_____

Espacio para *Él*

1. ¿Cómo te sentiste al saber cuánto Dios te ama?:

   _____

   _____

   _____

2. ¿Piensas que Dios dejaría de amarte si le fallas?:

   _____

   _____

   _____

3. ¿Qué opinas del amor ágape de Dios?:

   _____

   _____

   _____

4. ¿Crees que ese amor es necesario en nuestras vidas? ¿Por qué?:

   _____

   _____

   _____

El amor de Dios no es un amor egoísta ni narcisista. El amor de Dios todo lo entrega por el bienestar de los demás.

5. ¿Crees que has manifestado este tipo de amor hacia tu pareja? ¿Por qué?:

_____
_____
_____

6. ¿Qué crees que te hace falta para poder manifestar este tipo de amor por tu pareja? ¿Por qué?:

_____
_____
_____

7. ¿Qué crees que debes hacer de hoy en adelante para manifestar mejor el amor de Dios a los demás?:

_____
_____
_____

8. ¿Cuáles de las características del amor ágape ves reflejadas en tu vida frecuentemente?:

_____
_____
_____

NOTAS:

Ejercicio Capítulo 8:
Un principio llamado amor

Hoja de reflexión: Para ambos

La identidad que hemos recibido por medio de Cristo nos da la oportunidad de diferenciarnos de las masas. Nos permite vivir la vida reflejando las características que nos definen como hijos de Dios.

Espacio para *Ella*

1. ¿Cual fue tu reacción al entender cuál es tu identidad en Dios? ¿Por qué?

_____

_____

_____

_____

2. ¿Cómo te sientes al saber que Dios te ha dado la oportunidad de comenzar de nuevo? ¿Por qué?:

_____

_____

_____

_____

3. Mencionar algunas de las cosas que han cambiado para bien en tu vida.

_____

_____

_____

_____

4. ¿A quién estás reflejando en tu vida? ¿De qué manera?:

_____

_____

_____

_____

Cuando entregamos nuestra voluntad a Cristo y dejamos morir nuestro yo, aprendemos a confiar en Él aun en los momentos más difíciles de nuestras vidas. Nuestra mente es renovada en el conocimiento de la verdad de la Palabra y nuestras acciones representan a nuestro Padre.

5. ¿Cómo has accionado en los procesos difíciles de tu vida?:

_____

_____

_____

_____

6. ¿Estás reflejando las características de tu Padre? ¿De qué manera?:

_____

_____

_____

_____

_____

7. ¿Como crees que mejoraran las cosas en tu vida si pones tu confianza en Dios y dejas que Él dirija tus pasos como buen Padre que es?:

_____

_____

_____

_____

_____

8. ¿Qué áreas de tu vida estás dispuesto a someter para que Cristo sea reflejado en ti? ¿De qué forma?:

_____

_____

_____

_____

_____

Espacio para *Él*

1. ¿Cual fue tu reacción al entender cuál es tu identidad en Dios? ¿Por qué?

_____

_____

_____

_____

2. ¿Cómo te sientes al saber que Dios te ha dado la oportunidad de comenzar de nuevo? ¿Por qué?:

_____

_____

_____

_____

3. Mencionar algunas de las cosas que han cambiado para bien en tu vida.

_____

_____

_____

_____

4. ¿A quién estás reflejando en tu vida? ¿De qué manera?:

_____

_____

_____

_____

Cuando entregamos nuestra voluntad a Cristo y dejamos morir nuestro yo, aprendemos a confiar en Él aun en los momentos más difíciles de nuestras vidas. Nuestra mente es renovada en el conocimiento de la verdad de la Palabra y nuestras acciones representan a nuestro Padre.

5. ¿Cómo has accionado en los procesos difíciles de tu vida?:

_____

_____

_____

_____

6. ¿Estás reflejando las características de tu Padre? ¿De qué manera?:

_____

_____

_____

_____

7. ¿Como crees que mejoraran las cosas en tu vida si pones tu confianza en Dios y dejas que Él dirija tus pasos como buen Padre que es?:

_____

_____

_____

_____

8. ¿Qué áreas de tu vida estás dispuesto a someter para que Cristo sea reflejado en ti? ¿De qué forma?:

_____

_____

_____

_____

NOTAS:

_____

_____

_____

Ejercicio Capítulo 9:

La importancia de sanar las heridas del pasado

Hoja de reflexión: Para ambos

Uno de los peligros más grandes que pueden enfrentar las parejas es haber entrado en una relación cargando un equipaje del pasado.

Espacio para *Ella*

1. Si pudieras definir tu salud emocional al comienzo de la relación, ¿cómo la definirías: saludable, un poco afectada o en crisis?¿Por qué?:

_____

_____

_____

2. Si pudieras identificar las áreas de tu pasado que debes sanar, ¿cuáles serían?:

_____

_____

_____

_____

3. ¿Qué estás dispuesto a hacer para tener una mejor calidad de vida en tu relación?:

_____

_____

_____

4. ¿Qué áreas de tu vida crees que necesitas sanar para mejorar tu calidad de vida?:

_____

_____

_____

_____

Dios siempre ha estado dispuesto a sanar nuestras heridas y ayudarnos a retomar nuestro lugar como herederos de sus promesas.

5. ¿Crees que no has tenido el apoyo necesario para sobrepasar tus momentos difíciles? ¿Por qué?:

_____

_____

_____

_____

6. ¿Qué piensas que te ha faltado?, ¿por qué?:

_____

_____

_____

_____

_____

7. ¿Permitirías que Dios sane tu corazón?:

_____

_____

_____

_____

_____

8. ¿Te atreves a comenzar de nuevo y a sanar?:

_____

_____

_____

_____

_____

Espacio para *Él*

1. Si pudieras definir tu salud emocional al comienzo de la relación, ¿cómo la definirías: saludable, un poco afectada o en crisis?¿Por qué?:

_____

_____

_____

_____

2. Si pudieras identificar las áreas de tu pasado que debes sanar, ¿cuáles serían?:

_____

_____

_____

_____

3. ¿Qué estás dispuesto a hacer para tener una mejor calidad de vida en tu relación?:

_____

_____

_____

_____

4. ¿Qué áreas de tu vida crees que necesitas sanar para mejorar tu calidad de vida?:

_____
_____
_____
_____

Dios siempre ha estado dispuesto a sanar nuestras heridas y ayudarnos a retomar nuestro lugar como herederos de sus promesas.

5. ¿Crees que no has tenido el apoyo necesario para sobrepasar tus momentos difíciles? ¿Por qué?:

_____
_____
_____
_____

6. ¿Qué piensas que te ha faltado?, ¿por qué?:

_____
_____
_____
_____
_____

7. ¿Permitirías que Dios sane tu corazón?:

_____

_____

_____

_____

_____

8. ¿Te atreves a comenzar de nuevo y a sanar?:

_____

_____

_____

_____

_____

NOTAS:

_____

_____

_____

Ejercicio Capítulo 10:
Un matrimonio sobre la roca

Hoja de reflexión: Para ambos

La clave para un matrimonio saludable se encuentra plasmado en la obra redentora de Jesucristo. Él es la cimiente que no permitirá que tu relación se derrumbe ante los vientos contrarios, tan solo debes poner en práctica sus enseñanzas.

Espacio para *Ella*

1. ¿Tu cimiente comenzó con el fundamento correcto? ¿Por qué?:

_____

_____

_____

_____

2. Después de leer el capítulo diez, ¿qué identificas que le faltó a tu construcción?:

_____

_____

_____

_____

4. ¿Cómo aplicas las enseñanzas de Jesús en tu vida de pareja?

_____

_____

_____

Descubrir quiénes somos y asumir nuestra identidad como hijos de Dios nos ayuda a renovar nuestra mente y a tomar las decisiones correctas por el bien de nuestra vida espiritual y la de las personas que nos rodean. Una vida en la plenitud de Cristo es la clave para una vida exitosa.

5. Menciona cinco áreas que debes mejorar en tu relación de pareja.

_____

_____

_____

_____

6. ¿Cómo lograrás mejorar estas áreas?

_____

_____

_____

_____

7. ¿De qué manera este cambio bendecirá a tu pareja?

_____

_____

_____

_____

8. ¿Cómo crees que tu pareja te puede ayudar a acercarte más a Dios?

_____

_____

_____

_____

NOTAS:

_____

_____

_____

Espacio para *Él*

1. ¿Tu cimiente comenzó con el fundamento correcto? ¿Por qué?:

_____

_____

_____

_____

2. Después de leer el capítulo diez, ¿qué identificas que le faltó a tu construcción?:

_____

_____

_____

_____

4. ¿Cómo aplicas las enseñanzas de Jesús en tu vida de pareja?

_____

_____

_____

_____

Descubrir quiénes somos y asumir nuestra identidad como hijos de Dios nos ayuda a renovar nuestra mente y a tomar las decisiones correctas por el bien de nuestra vida espiritual y la de las personas que nos rodean. Una vida en la plenitud de Cristo es la clave para una vida exitosa.

5. Menciona cinco áreas que debes mejorar en tu relación de pareja.

_____

_____

_____

_____

6. ¿Cómo lograrás mejorar estas áreas?

_____

_____

_____

_____

7. ¿De qué manera este cambio bendecirá a tu pareja?

_____

_____

_____

_____

8. ¿Cómo crees que tu pareja te puede ayudar a acercarte más a Dios?

_____

_____

_____

_____

_____

NOTAS:

_____

_____

_____

Bibliografía

Sanjuán Fernández, C. (2016). ¿Realmente sabes lo que es la piedra angular? Construcción Patología Rehabilitación. Recuperado de https://www.patologiasconstruccion.net/2016/02/realmente-sabes-lo-que-es-la-piedra-angular/.

Profesiones de Construcción y edificación. Educaweb.com. Recuperado de https://www.educaweb.com/profesiones/construccion-edificacion/.

Suárez F., Z. (2014). La crisis de los 40 ahora es a los 35. Roastbrief. Recuperado de https://www.roastbrief.com.mx/2014/12/la-crisis-de-los-40-ahora-es-a-los-35/.

Ascanio Orsatti, M. (2013). Sexo después de la menopausia: tips para mantener la pasión | El Diario NY. El Diario NY. Recuperado de https://eldiariony.com/2013/12/08/sexo-despues-de-la-menopausia-tips-para-mantener-la-pasion/.

Torres, L. (2018). ¿Qué dice la Biblia sobre la infidelidad de pareja?. CVCLAVOZ. Recuperado de https://cvclavoz.com/destacados/que-dice-la-biblia-sobre-la-infidelidad-de-pareja/.

¿Cuál es la razón por la que hombres y mujeres son infieles?. Semana. (2019). Recuperado de https://www.semana.com/vida-moderna/articulo/infidelidad-por-que-las-personas-enganan-a-su-pareja/603316.

Garate, X. (2016). ¿A qué edad son más infieles las mujeres?. El Correo. Recuperado de https://www.elcorreo.com/bizkaia/sociedad/201608/23/edad-infieles-mujeres-20160823082504.html.

Sumédico. (2017). Así cambia la vida sexual de los hombres al cumplir 40. Yosoitu.lasillarota.com. Recuperado de https://yosoitu.lasillarota.com/cambios-en-hombres-a-los-40-sexualidad-masculina/187703.

Chump Lady. (2018). UBT: What Sleeping with Married Men Taught Me About Infidelity. ChumpLady.com. Recuperado de https://www.chumplady.com/2018/04/ubt-what-sleeping-with-married-men-taught-me-about-infidelity/.

Rosales Valladares, J. (2017). ¿Qué sucede después de una infidelidad? Enfoque a la familia. Recuperado de https://www.enfoquealafamilia.com/single-post/Que-sucede-despues-de-la-infidelidad.

Jauregui Balenciaga, I. (2017). El fenómeno de la infidelidad: trauma y estrés postraumático. Epsys. Recuperado de http://www.eepsys.com/es/el-fenomeno-de-la-infidelidad-trauma-y-estres-postraumatico/.

Clemente, S. (2019). Pisantrofobia: cuando tienes miedo a confiar en los demás. La mente es maravillosa. Recuperado de https://lamenteesmaravillosa.com/pisantrofobia-cuando-tienes-miedo-a-confiar-en-los-demas/.

Wikipedia. Cincuenta sombras de Grey. Wikipedia: La enciclopedia libre. Recuperado de https://es.wikipedia.org/wiki/Cincuenta_sombras_de_Grey.

Wikipedia. BDSM. Wikipedia: La enciclopedia libre. Recuperado de https://es.wikipedia.org/wiki/BDSM.

Miguel Ángel, M. (2009). De la caja del diablo a la caja de Dios. Recuperado de https://www.glopent.net/pentecostudies/online-back-issues/2009-vol-8/no-1-spring/mansilla-2009

ACERCA DE LA AUTORA

Oneida Fernández-Arnau nació en Puerto Rico, la isla del encanto.

Obtuvo un bachillerato en Consejería Pastoral de la Universidad Cristiana de Carolina del Norte (The Christian University of North Carolina) y luego trabajó cuatro años como directora de educación de las iglesias Templo Internacional de Restauración. Su trabajo consistía en liderar, educar y capacitar maestros. Entre sus labores estaba preparar talleres de capacitación y adiestramiento para cubrir las áreas de necesidad dentro del departamento.

Junto a su equipo de trabajo, Oneida desarrolló los expositores de educación bíblica de la organización, por el tiempo que lideró el departamento.

Adicionalmente, ella recibió un diploma en Estudios Teológicos del Instituto Bíblico Hispano de Philadelphia y una certificación en Psicología Pastoral por el Instituto Pastoral & Capellanía Sinaí, también localizado en la ciudad de Philadelphia.
Actualmente se dedica a dar conferencias de capacitación a líderes en diferentes iglesias.

Su pasión es la educación y el desarrollo del liderato cristiano, por tal razón se dedica a llevar un mensaje de confrontación, exhortación y capacitación

Para más información, recursos y eventos visita:
Oneida Arnau
Email: oneidaarnau.ministry@gmail.com

Medios sociales:
Blog: oneidaarnauministry.wordpress
Facebook: @oneidaarnauministry
Instagram: @Oneida_arnauofficial
Twitter: @Oneidaarnau
Página de internet de la autora y su libro:
www.OneidaArnau.com

Soy valiosa.
Soy una hija de Dios.

"Yo soy valiosa en el corazón de Dios".
Rebeca Segebre

Únete a la comunidad
Mujer Valiosa

Aquí encontrarás recursos gratis, conferencias, capacitaciones, libros, oración, amigas de todas partes del mundo y seminarios impartidos por un grupo especial de mujeres líderes en el ministerio, conferencistas y autoras reconocidas en el mundo hispano.

www.MujerValiosa.org

www.ingramcontent.com/pod-product-compliance
Lightning Source LLC
LaVergne TN
LVHW051521070426
835507LV00023B/3235